長期停滞の資本主義

新しい福祉社会とベーシックインカム

本田浩邦
Honda Hirokuni

大月書店

はしがき

「人には誰しもとどまっていたいと思うような人生の一時期がある。だからお前も、お前の種がとどまっていてほしかったと思うような時代を求めるだろう。現状がお前の不幸な子孫になおいっそう大きな困苦をもたらすであろうことに不満なお前は、恐らくそこへ帰りたいと望むだろう。そしてその感情はお前の最初の祖先への賛辞となり、同時代人への批判となり、さらには不幸にもお前のあとを継ぐ者にとっての恐怖ともなる」（ジャン・ジャック・ルソー『人間不平等起源論』１７５５年）

政治的な地殻変動——ネオ・ファシズムの時代

イタリアの作家ウンベルト・エーコは、歴史上の様々なファシズムに共通する14の特徴、すなわち〈伝統崇拝〉〈モダニズムの否定〉〈行動のための行動〉〈他者の排斥〉〈陰謀の妄想〉などを列挙し、それらを「原ファシズム」(Ur-Fascism)と呼んだ(Eco 1997)。現在、それらの要素のことごとくを備えた政治勢力が、欧米、中南米、そしてアジアで出現し、力を得ている。アメリカのトランプ政権、日本の安倍政権、フィリピンのドゥテルテ政権、ハンガリーのオルバン政権、ブラジルのボルソナロ政権、政権党ではないが、イギリス独立党(UKIP)、「ドイツのための選択肢(AfD)」、フランスの国民連合(RN)などである。トランプや安倍のようなキャラクターが浮かび上がる政治的土壌は今やグローバルであり、彼らが去ったとしても当面この状況は変わらないであろう。

エーコの「原ファシズム」の第6の特徴に、「経済危機や政治的屈辱などの不満にかられた中間階級への呼びかけ」というものがある。経済的・政治的不満がポピュリズムへの志向を生み、その一部が「ネオ・ファシズム」と呼ぶべき悪性腫瘍となる。1930年代がそうであったように、経済的な閉塞状況は今日においてもファシズムの力の源泉であり、主要諸国の政治状況の変化は経済問題と関連している。

この数十年間、欧米、日本を問わず、主要先進諸国は、経済成長の長期的な停滞という巨大な津波に襲われている。北欧を除く諸国では、経済格差が拡大し、雇用事情が悪化しつつあり、特に日本とアメリカでその傾向が顕著である。戦後成長のもとで何とかそれなりの生活を営んできた国民の多くが、まともな暮らし、老後、医療保障から排除されはじめている。下位所得層のかなり多くは明らかに水面下に没しつつある。

実際に、日本とアメリカでは、賃金の抑制と雇用の非正規化が進むなか、正規雇用のある程度十分な所得と厚生年金レベルの老後保障を得ている国民の割合は、3分の2に満たないまでになりつつある。その先には甚《はなは》だしい貧困の世代間連鎖が待ち受けている。こうした長期停滞のもとでの資本蓄積と所得分配、貧困の拡大と経済的排除の問題、これが今日の資本主義の危機の第一の側面である。

危機のもう一つの側面は、社会構造に関わる。経済問題が深刻になれば、それに対するリベラルな社会的反発が起こってしかるべきである。しかし単純にはそうはならない。過去数十年間の労働運動や学生運動の低迷、国政選挙での投票率の低下傾向に示されるように、欧米、日本を問わず、現状に不満な社会層は、社会運動や代表制民主主義によって包摂《ほうせつ》されず、既存の保守派にもリベラル派や左派にも依拠しようとはしない。

長期停滞に対する保守派の態度とはどのようなものであったか。それは一言でいえば、第二次世界大戦後から1970年代初頭までの数十年間のモデルへの回帰である。高水準の持続的な経済成長と低インフレのこの時代こそ、資本主義の最も繁栄した時代であった。リベラル派や左派にも、賃金の大幅な上昇と社会保障制度の拡充を見た高成長の時代のモデルを追い求めようとする強い衝動がある。悲劇はここから始まる。戦後成長モデルの恩恵をさほど受けなかった、あるいはそのモデルへの回帰に希望を見出さない社会層は、保守派とリベラル派・左派が提示するこうした狭い選択肢を受け入れない。

彼らは、自分たちが恵まれたミドルクラスではない、あるいはそこから脱落したと感じている。今月や来月の支払いに汲々《きゅうきゅう》とし、常に何かをあきらめ、何かに依存することを強いられ、そうしたやり場のない気持ちをどうすることもできないでいる。彼らの強い焦燥感は、政治的アパシー（無気力）、排外主義や弱者への攻撃へと傾斜する。彼らが頼りとするのは、既存の保守でもリベラルでもない、一見超然とした偶像破壊的な強い指導者である。彼らはその強さに自己をなぞらえ、そうした政治家を媒介として、憤懣《ふんまん》と怒りを政治に表面化させる。

ネオ・ファシズムやポピュリズムの台頭という政治の地殻変動が、戦後経済成長への回帰願望に囚《とら》われている伝統的な保守やリベラルにとって意外に映ったのは偶然ではない。過去への単純な回帰の願望が「お前のあとを継ぐ者にとっての恐怖ともなる」というルソーの警句は、今やわれわれの時代にこのような異形となって現れつつある。[*1]

大衆的な不満と怒りの矛先が、経済低迷の責任を最も負うべき保守派に対してではなく、むしろ中道、もしくは中道左派の政治勢力に向けられていることにも理由がある。この間の極右政治を押し上げたのは、まぎれもなく欧米、日本、その他でのリベラル右派や中道右派政権、あるいはＥＵ（欧州連合）に対する諸国民の強い幻滅である。既存の保守やリベラルは、彼らにとってはエリートであり、特権階級であると映る。彼らの憤懣に自在に捌《は》け口を与えるポピュリストがさしあたり支持される所以《ゆえん》である。[*2]

したがって、亀裂は1％と99％の間だけにあるのではない。自戒を込めて言うが、残念ながら、リベラル派や左派はこうした社会的分裂の構図に対処する十分な処方箋を示してこなかったと言ってよい。この意味で現状は社会構造の面でも閉塞状態であり、これが危機の第二の側面である。したがって今日の資本主義は、資本蓄積と社会構造の「二重危機」を抱えていると言える。本書が示そうとするのは、こうした現在の危機の構図である。

普遍的な賃金制度と社会保障制度

本書は、今日の長期停滞のもとでの経済問題を分析したうえで、代替的な経済政策のあり方を提示しようとしている。本書が「ニューディール型資本主義」と呼ぶ、比較的高い賃金と社会保障制度を柱とした日本やアメリカのシステムは、第二次世界大戦中から戦後期にかけて構想され、その時代の複雑な社会的力関係を反映して形成されたものである。資本主義はこの両方によって補完されることでリベラルな要素を身につけ、安定の度合いを強めた。しかしそうした賃金と社会保障制度は、大企業と中小零細企業、正規と非正規といった違いに応じて働く者の処遇にそもそも大きな違いがあり、すべての国民を経済的豊かさに包摂しえない差別的な制度であった。また制度そのものが本質的に労働者の企業への依存、忠誠心を取り付けようとする意図を埋め込んだものでもあった。

このような制度では、優遇された人たちにとっての生活保障が、そうでない人たちの犠牲に基づくものとならざるをえない。当時の制度設計者たちの多くは、これらの制度の拡張を通じて十分な賃金や老後の保障があまねく実現されるであろうと考えた。しかしこの分断的な制度では、国民の大半に豊かな生活を保障しうる展望を描くことはできない。長期停滞はこの制度の制約をますます強めていると言える。したがってニューディール型の制度はもはや部分的な改修工事ではなく、全面的な建て替え工事が必要な段階にきている。高度成長の時代のパターンに戻ろうとしてもうまくはいかないし、主流派経済学の政策の道具箱をいくらいじくりまわしても現状を打開することはできない。これからの経済的繁栄のためには別の経済モデルが必要である。

本書は、政策論的には、ベーシックインカムという社会的所得保障の制度の導入を柱とした、賃金制度と社会保障制度の普遍主義的な改革を提唱している。この場合、普遍主義的とは、底辺の所得層をも無条件に包摂するという意味である。ベーシックインカムは、賃金と社会保障の両面の性格を併せ持ち、所得階層の違いにかかわらず、その支給水準の引き上げが個々の利益となるとともに、全体の利益ともなる。その意味でニューディール型の賃金・社会保障制度の企業寄りの性格を中立化させ、国民分断的性格を薄め、普遍主義的な制度改革の触媒《しょくばい》となりうる。アメリカの哲学者、ジョン・ロールズは、17世紀以来の啓蒙思想の寛容な社会契約の伝統を現代の思想的文脈において蘇《よみがえ》らせようとしたが、それは利他的行為がどのような条件のもとで正当化されうるかを問うたものであった（Rawls 1971）。本書で考えたいのは、利他主義が社会的規範たりうる制度的要件は何かということである。

私は、リベラル派の多くがさしあたり支持できる経済政策の範囲と、さらにそれを超えて生存権を最終的に保障する経済メカニズムを構想するよりラディカルな政策構想とのグラデーションを示そうと試みた。今日の経済的および社会的危機の打開は、包括性の乏しいニューディール型の延長線上にではなく、普遍的な制度への改造を通じて成し遂げられるべきであり、さらにその普遍主義の徹底は、公正で環境適合的な新しい福祉社会に通じるものと考えている。

本書の構成

第I部は、現在の長期停滞の歴史的文脈を明らかにしたものである。そのため多少長いスパンで経済成長の変化を展望している。現在の経済成長率の低迷は、一般に考えられているよりも構造的で長期的である。このことの理解は、長期停滞が下位所得層の多くを排除する構図を評価するうえで重要であり、代替的な経済政策の焦点を合わすうえで不可欠である。

第1章で、今日の長期停滞の構図を大まかに説明し、経済成長の発展に付随《ふずい》した社会構造の変化を分析している。社会構造の考察にあたって、アメリカの社会学者による「社会関係資本」（人々の多様な結びつき）の研究およびハーバーマスの理論に依拠した。第2章では、アメリカでの長期停滞論の論争を総括し、理論的な問題を整理している。第3章は、経済停滞を打開する経済政策のあり方を検討し、今日の社会的な潜在的生産能力をナショナルミニマムの安定的な供給に結びつけることの必要性を強調している。

第II部は日本経済を対象とし、賃金と社会保障の現状と政策的論点を分析している。

第4章は、第1章の主題を日本経済に当てはめて、日本の賃金と社会保障の問題点を明らかにしている。日本においては、その伝統的な二重構造が、今日の長期停滞のもとでより甚だしさを増しつつある。社会保障制度の劣化も目を覆わんばかりである。こうした問題に対する解決策として、普遍主義的な制度改革の意義を強調している。第5章は、日本の財政・金融政策についてである。ここでは国民の生活基盤に直接働きかける財政と金融のあり方を検討している。第6章は、「ケアチェーン」という社会学の概念を用いて、社会保障制度にまつわるジェンダーの問題を考えている。第7章はそれまでで見た経済問題を打開する政策の柱としてベーシックインカムを位置づけ、その機能を分析している。ベーシックインカムとは、社会成員に無条件で支給される社会的給付であるが、その役割と実現可能性を明らかにしている。第8章はそのベーシックインカムが、今日の日本の地方創生と称する地方リストラ政策に対する対抗軸としてどのような役割を果たしうるかを考察している。

なお、本書で「資本蓄積」と言う場合、それは経済成長と同義か、もしくは労使関係を含む企業活動の総体を意味している。また「危機」という用語は、循環的な景気後退の局面やパニックを表す通常の用い方だけでなく、長期的な構造上の不均衡の拡大をも表している。「リベラル派」や「左派」というのは曖昧な呼び方とならざるをえないが、本書ではこれらを、新古典派あるいは新自由主義の経済学と違って、市場規制、労働者保護、環境保護の必要性をある程度認め、労働条件の改善、社会保障の強化を求める政策的立場といった程度の意味で用いている。

謝　辞

この小著を公刊するにあたって、多くの方々から貴重なご協力を得た。池上洋通先生、近澤吉晴事務局長をはじめ多摩住民自治研究所のみなさんには、月刊誌『緑の風』の編集委員会に参加させていただき、地方自治の問題について貴重なご教示をいただいただけでなく、同誌で本書の元となる論考の発表の機会をいただいた。事務局の鈴木望さんと松川遥さんには、論文の作成段階でお世話になった。謹んでお礼を述べさせていただきたい。またいくつかの論考は、私が7年ほど事務局長を務めた「九条科学者の会」事務局会議の研究会でも議論していただいたものである。松井安俊さんをはじめ事務局のみなさんに感謝したい。また、大月書店編集部の木村亮さんには企画の段階から有益なご意見をいただいた。心から謝意を表したい。本書が多少なりとも一般の方々の目に留まり、民主的な経済改革への一助となればと願う次第である。

２０１９年5月

著　者

註

〈＊１〉アメリカの経済学者、ジョン・ケネス・ガルブレイスは、『満足の文化』（１９９２年）で、経済的社会的に幸運な人々を「満足せる選挙多数派」(the contented electoral majority)、典型的なアメリカ人が享受している快適な福祉の分け前にあずかれない下位所得層を「機能的下層階級」(the functional underclass) と呼び、先見的にも後者の怒りの爆発の可能性を示唆した (Galbraith 1992)。

〈＊２〉アメリカでの白人中間層の民主党に対する幻滅を、ハーバード大学の社会心理学者ジム・サイダニアスは「リベラル派エスタブリッシュメント（支配層）に対する白人のルサンチマン（恨み）」と特徴づけている (Edsall 2016)。

目次

第Ｉ部　長期停滞下の資本主義経済

第1章　資本主義は今どのような段階にあるか？
——資本蓄積と社会構造の「二重危機」

戦後の主要資本主義諸国における経済成長は、各々の国に生活する人々の経済状態を劇的に向上させた。人々の健康や衛生状態は目覚ましく改善し、平均寿命は伸び、人口が急増した。労働現場の状態は改善され、実質賃金と社会保障制度が整備され、医療、教育が普及した。いずれの国においても、技術革新、完全雇用政策、社会保障制度は三位一体でそうした経済成長を支えた。戦後、雇用政策や社会保障政策を制度設計した人々の多くが、時とともに経済の底辺層をも経済成長の流れに組み込みうると考えた。

しかし、戦後数十年間続いた経済成長の時代は１９７０年代初頭に幕を閉じ、今日に至る長期停滞下で、そうした目論見は主要諸国の多く、特にアメリカや日本では十分には実現しなかった。かねてより経済成長の恩恵に十分浴することのなかった下位所得層はもちろん、ある程度高い生活水準を享受していた中間所得層にまで経済不安と困窮の危機が襲いかかろうとしている。現在の長期停滞のもとで、もはや戦後経済成長の三位一体の構築物に多少の加工修正を施した程度では、経済成長の過去のパターンに回復すると期待することはできなくなりつつある。

危機という用語が、循環的な景気後退局面や市場の急落という意味だけでなく、長期的な構造上の不均衡の拡大をも表すとすれば、こうした資本蓄積の閉塞状態とそこから発する労働者・国民の生活状態の悪化は、それ自体、危機が慢性化した状態を表している。逆に言えば、突発的な経済崩壊を政策的に回避してきたがゆえに、危機の症状が内面化する傾向が強められたとも言える。そのように見れば、今日の経済危機はすでに起こっている事実であり、格差や貧困といった身近な形態で現象していると考えてよい。

しかしこの悲観的なコインには、あまり語られない楽観的な裏面がある。

現在の主要諸国の経済は、経済成長率の面では停滞的であるが、物理的な生産性という面においては、人々が十分な暮らしを営むに十分な経済力を潜在的に備えている。今日の経済は、その規模に比してきわめて小さな投資で維持されている。現在の企業の抑制的な投資決定は、今日の長期停滞がその根底に「過剰生産能力」という古典的な経済問題を抱えていることを意味する。こうした潜在的な生産性を開放し、今日的な生活上の必要（ナショナルミニマム）を確実に供給する経路に導くことについて、われわれは考える必要がある。

北欧の高福祉国家もまた、経済成長率で見れば長期停滞の例外ではない。にもかかわらず、平等な所得分配を維持することで、経済的厚生と公正の高い水準を維持している。このことは、問題が経済成長率の長期的な低迷それ自体にあるというよりも、その経済力を土台にした企業行動と所得分配のあり方に由来することを示唆する。長期停滞のもとにおいても、所得分配や社会政策の改革によって下位所得層の購買力を高め、基礎的生活手段を生産するインセンティブを政策的に高めることができれば、大多数の人々の生活を豊かなものにすることができる。今日の経済には、そのような潜在的可能性がある。

とはいえ日本の経済改革は、北欧モデルの単純な移植ではなく、日本固有の制度的問題を克服することを通じてなされる以外にない。

第Ⅰ部は、主としてアメリカを念頭に、長期停滞それ自体の分析をおこない、日本についでは第Ⅱ部で見ることにする。本章では、まずコインの表面、つまり悲観的な側面を、資本蓄積と社会構造の2側面から考察する。後続の諸章でコインの裏面を含む経済政策の問題を考えたい。

1　長期停滞の構図

20世紀の例外的な経済成長

図表1-1は、イギリス、アメリカ、ドイツ、フランス、日本の19世紀末から今日までの経済成長率の変化を大まかに捉えたものである。[*1] 大きく見れば、20世紀の半ばに経済成長のピークがあり、その前後の経済成長率はおしなべて低い。さらに言えば、今日の水準は19世紀の水準よりさらに低い。経済成長の山はきれいなシンメトリーではなく、両大戦の時期に経済成長率が落ち込んでいて、全体として見れば富士山を北側、ちょうど山中湖あたりから見た形になっている。

図表１－１　主要各国の実質経済成長率（1820–2015年）

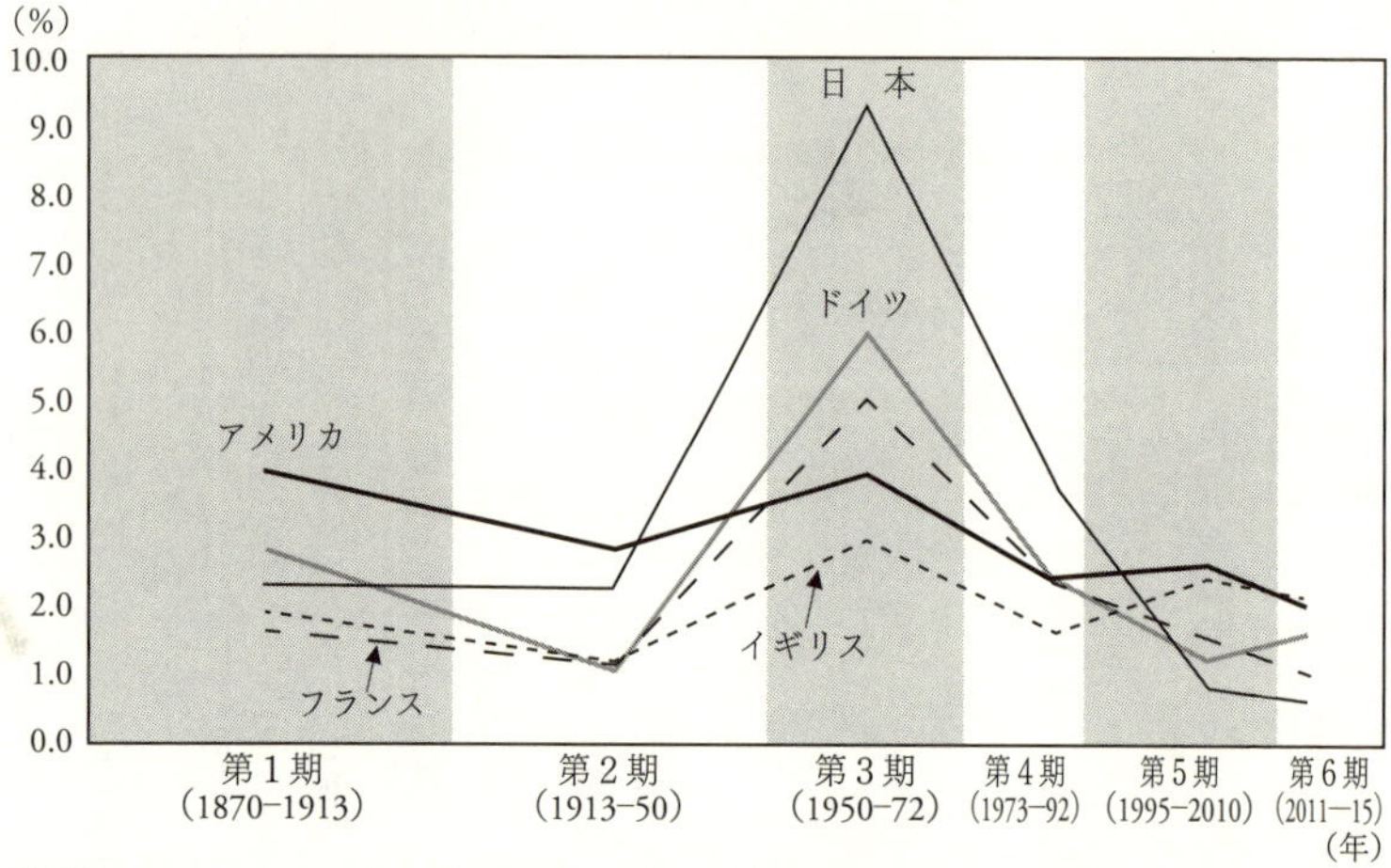

（出所）Angus Maddison（1995）*Monitoring the World Economy 1820-1992*, OECD, p.41: *Regions at a Glance 2013*, Figure 2.15: *OECD Employment Outlook, 2016*, Table 1.A1.1. より作成。

したがって資本主義経済は１００年を経て、その大きな山を登り、今その当初の山の麓《ふもと》の水準にまで降りてきた段階にあると言える。山の頂点は１９７０年代初頭で、それからの下りは急である。

図表１－２は、アメリカとイギリスの長期金利の変化を表したものである。金利は実体経済と結びついて動き、経済成長率よりも少し高めであるが、現在の低金利が歴史的に見ても異常であることがわかる。

大きく分けて２つの重要な変化が、20世紀の経済成長の非連続面を形成している。１つは技術革新、２つめは所得分配である。

ノースウェスタン大学のロバート・ゴードンは、こうした20世紀前半の資本主義の急速な成長を、「第二次産業革命」の長期的な効果として説明している（Gordon 2017）。

第１期に始まったいわゆる「第二次産業革

図表1－2　アメリカとイギリスの長期金利の推移（1900－2017年）

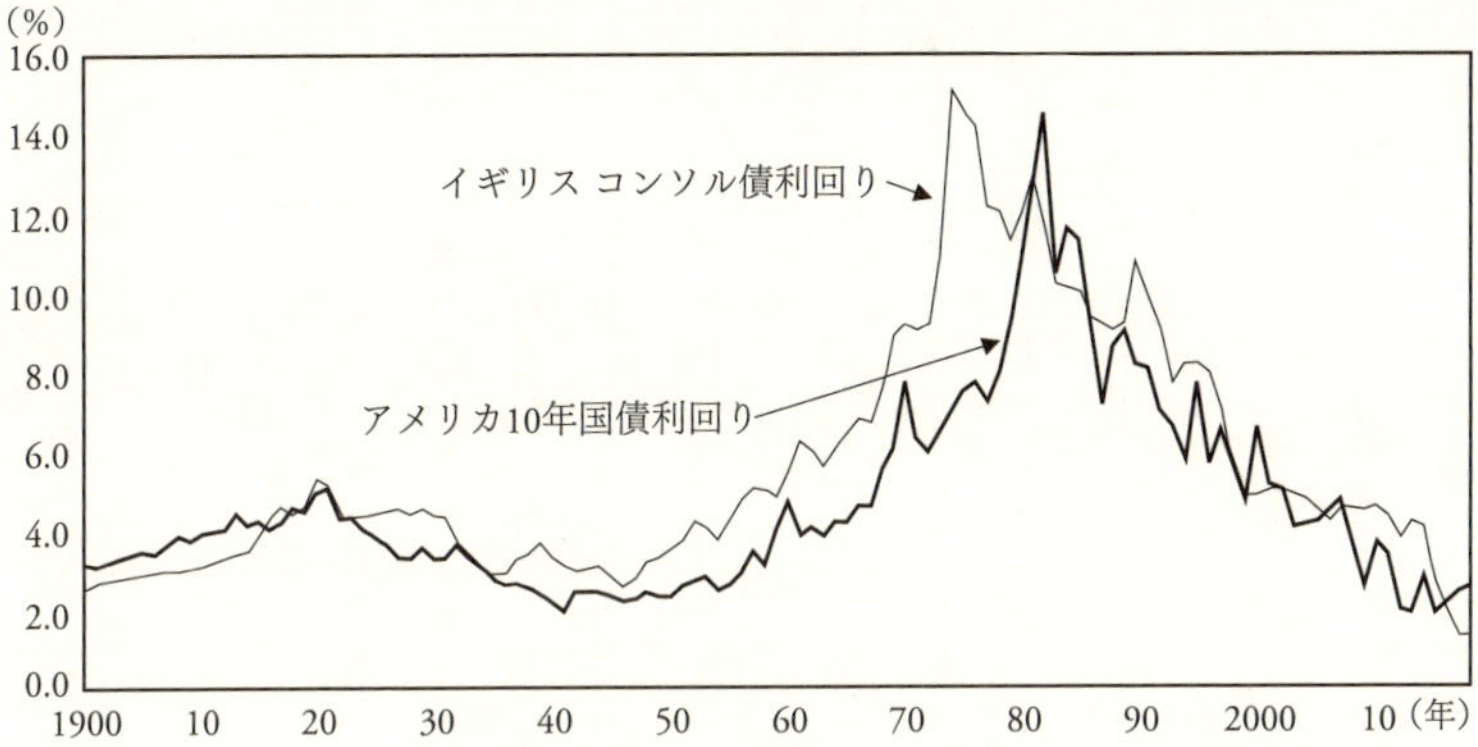

（出所）Economic Research, Federal Reserve Bank of St. Louis Data Base.: http://www.multpl.com/10-year-treasury-rate/table/by-yearより作成。

命」は、電気と石油内燃機関の2つの系列をもつ。1879年にトマス・エジソンによって白熱灯が発明され、ほぼ同じ頃、石油を用いたエンジンが発明された。前者の系列として、電力、電灯、家庭電化製品、映像、ラジオ、蓄音機、エレベータなど、後者の系列として、自動車、高速道路、地下鉄、飛行機、トラクター、コンバイン、重機が開発される。さらに自動車は鉄鋼、石油、ガラス、ゴムなどの産業を牽引《けんいん》する。加えて上下水道、暖房などの生活インフラ、石油化学製品、製薬、通信、写真、映画、娯楽関連産業が発展した。さらに、スーパーマーケットが普及しはじめた。

　こうした一連の発明は、市民生活を根本的に変えた。女性が家事に膨大な時間を取られていた時代は過去のものとなり、労働のあり方も劇的に変化した。下水道の整備は衛生状態を劇的に変え、抗生物質の開発によって平均寿命は大幅に伸びた。エレベータによって巨大な高層ビルが出現した。

自動車の普及に伴い、国中に高速道路が張りめぐらされ、居住空間が広がり、週末のレジャーのあり方が変わった。

ゴードンによれば、「第二次産業革命」とは19世紀末から20世紀初頭にかけての技術革新の「大波」(the big wave)である。それは、1970年代初頭までの生産性の急激な上昇をもたらした。しかもそのような種類の技術革新は、その前にも後にも見られない、一度限りのものだという。全米に高速道路網を張りめぐらせることや、室温を22度で管理するといった技術は、一度確立すれば、あとはそれがどのように効率化されようとも、初めのものほどの経済効果はもたない。20世紀前半にはそのような大きなインパクトをもつ無数の技術革新が一つの大きな塊となって出現し、経済社会を根本から変えたのである。ゴードンは言う。「1870年代から1970年代に至る100年は、(中略)『特別な世紀』という評価を与えるにふさわしい。第二次産業革命で生まれた発明によって、1870年から1920年にかけてその勢いが蓄積され、1920年から1970年にはアメリカ史上最も労働生産性の高い時代が訪れた。そしてアメリカ人の生活はほとんどの面で、1870年から大きく改善した」(Gordon 2017, p. 522)

第1期と第2期には、生産面に加えて、所得分配の面でも大きな変化が現れた。19世紀末大不況は、支配階級に対するリベラルな反発を生み出し、それがその後の所得分配のあり方を大きく変えたのである。アメリカにおいては1870年代のグレンジャー運動、1880年代のグリーンバック党、1890年代のポピュリスト党、およびその後の革新主義の時代の独占規制要求などがそうであった。形成された独占的巨大企業の支配に、国民は強く反発した。19世紀末の大不況の過程で、鉄道、鉄鋼、製糖、石油、鉱業、電気、ゴム、ガラスなどの産業分野において独占的な力をもつ巨大企業が現れ、19世紀末大不況を生き残った企業は個々の産業内で、少数の企業間による協調体制をとるよう進化した。こうした大企業の支配力強化に対する規制の要求は、１８９０年シャーマン法、１９１４年クレイトン法、１９１４年連邦取引委員会法を生み出した。その結果は一種のベクトルの和であり、独占はその勢力を拡大しつつも、その巨大な収益を元に労働者の実質賃金を引き上げ、国民の生活水準を向上させた。

独占形成期に現れたこうした高い賃金支払いと安定的な雇用保障は、大企業を中心に内部化された労働市場に属する、ある程度の教育を受けた白人男性労働者を中心に広がったが、マイノリティや女性、移民労働者までには十分には及ばなかった。こうした労働市場は、「二重労働市場」(the dual labor market) と呼ばれ、前者は「第一次労働市場」(primary labor market)、後者は「第二次労働市場」(secondary labor market) と言われた。アメリカでこの問題が取り上げられたのは、１９７０年代においてであり、主にラディカル派の経済学者によって分析が進められた (Reich, Gordon and Edwards 1973: Harrison and Sum 1979: Piore 1983)。しかしその頃は、多くの理論家、特に主流派経済学者たちは、経済成長と教育の普及に伴って二重構造は解消に向かうものと考えていた (Wachter 1974)。

第1期の運動が求めた社会政策のいくつかは、その後の第2期の大恐慌とニューディール政策（１９３３—39年）のなかで実現される。１９３０年代の全般的価格下落と大量失業のもとで、ローズヴェルト政権は「公正競争規約」(industrial codes of fair competition) によって企業間カルテルを容認するという企業側への譲歩をおこないながらも、それと引き換えに企業側に労働組合の承認と賃上げを求めた。老齢年金、失業保険、公的扶助《ふじょ》を中心とする各種の社会保障制度が策定され、労働法制が整備された。その後、第二次世界大戦の開始とともに、累進課税制度によって国民の間の所得格差が大きく是正された。黒人や女性などマイノリティの雇用の拡大なども大きく進んだ。[*2] ニューディール政策は、最終的に30年代末に失業を十分には克服しえなかったものの、その後の戦時生産体制への移行によって失業は克服された。財政は平時には容認されえない規模へと増大し、国家の経済的役割は不可逆的に大きくなった。

1942年の「全国資源計画局」（NRPB）による戦後の福祉国家構想は、ニューディーラーたちが成し遂げようとした雇用政策と社会保障の理念の最大限を表したものの一つと言える。そこでは、低所得者であっても教育、医療、レクリエーション、文化施設などに対する高いレベルのサービスへのニーズがあり、「これらのサービスをわが国の公的支援プログラムに含むことはきわめて重要である」と書かれている（National Resources Planning Board 1942)。同じ年に、イギリスでは「ベヴァレッジ報告」が発表され、葬儀費用をも含む戦後の包括的な社会保障を政府が国民に約束した。[*3]

しかし戦後アメリカでは、この精神は徐々に失われ、制度改革は失速し、公的医療制度も未成立に終わった。政府が最大限の雇用を保障する義務を負うことを認めた1946年雇用法は成立したものの、社会保障制度の拡充は保守派によって巧妙に退けられた。[*4]

とはいえ、社会政策の一連の体系の拡充は、公民権運動を背景に、1960年代のジョンソン政権による「偉大な社会」の時代まで細々と引き継がれた。こうした高雇用政策と社会保障制度の組み合わせは、アメリカ国民の経済生活を大きく改善し、底辺層の生活水準を底上げし、マクロ経済を需要面から下支えした。そのことが大きくは第二次世界大戦後の成長過程を支えた。つまり、戦後の経済成長は、まさにこのような大がかりな所得分配の革命が技術革新と相乗的に結びつくことによって実現したものであった。

戦後成長モデル――ニューディール型資本主義

このような19世紀末から両大戦を経て形成された、技術革新をエンジンとし、賃金と所得保障とを巨大な両輪とする経済を「ニューディール型資本主義」と呼び、そのような資本蓄積のパターンを「戦後成長モデル」と呼ぶことにしよう。「ニューディール型資本主義」は、第二次世界大戦後、アメリカのみならず主要先進国において普及し、１９５０年代から60年代にかけての巨大な経済成長の雛形《ひながた》となった。

サイモン・クズネッツが言うように、戦後の爆発的な経済成長率は、第二次世界大戦からの回復というだけでなく、さらにそれ以前の30年代の大恐慌からの回復という二重の性格があった(Kuznets 1964)。このような戦後成長がどのような巨大なうねりであったかを想像することは、当時を生きた者でなければ難しい。イギリスのジャーナリスト、マルク・レヴィンソンは、この時代の成長の勢いを次のように表現している。

「１９７３年までの25年で、一時間の労働による平均生産量はインフレ調整後で北米ではざっと2倍、ヨーロッパでは3倍、日本では4倍にまで増えた。より良い教育は当然この成長に一役買っているし、新たな資本設備への投資もしかりだ。だが一番の原動力は、労働者がより効率的に仕事をこなせるようにしてくれた技術の進歩だったようだ。長年にわたって断続的に成長してきた後で、世界は豊かになるためのイノベーションを最大限に利用したのだ。／しかもその様相は驚くべきものだった。経済の急激な変化は、労働者を置き去りにしてしまうのが普通だ。18世紀の地主の囲い込みによって共有地に依存するしかなかったイギリスの農民もそうだし、ニュースがインターネットに移行するにつれて産業がほぼ消え去ってしまった新聞関係の労働者もそうだ。戦後の世界では、成功したのは富裕層だけではなかった。農業従事者や路上清掃員も、給料袋が厚くなっていくのを年々感じていた。組合は工員のために昇給と福利厚生だけでなく、雇用の確保も勝ち取った。法律や労働契約のため、雇用主が不要になった従業員を放り出すのがどんどん難しくなっていったのだ。状況は、誰にとっても改善していた」(Levinson 2016, pp. 23-24)

2　戦後成長モデルの衰退過程

20世紀後半の下降局面

こうした戦後型の経済成長モデルが1970年代に失速した理由は何であろうか。[*5] 技術的には、これもまたロバート・ゴードンが言うように、第二次産業革命がもたらした経済効果の波が潰《つい》えたということである。もちろん経済成長率が低くても、それが直ちに国民の生活状態の悪化を意味するわけではない。所得分配が平等であれば、生活が悪化したり貧困が蔓延するわけでないからである。われわれが現在の経済成長率の減速を問題と感じる理由は、より本質的には、こうした停滞する経済において、企業が利潤極大化のために労働者と国民の利益を犠牲にしはじめたことにあると言うべきである。投資と賃金を抑制するという企業行動によって企業レベルのミクロ的な効率性は維持できても、経済全体のマクロ的な効率性は犠牲となる。このことが経済停滞の内容を悪化させている。現在も技術革新が起こっていないわけではない。しかし既存の技術がすでに生活のかなりの必要を満たし、新しい技術が競争的に普及する、あるいは模倣《もほう》されることによって十分な付加価値をもたらしにくい構造が定着しつつある。

１９７０年代に入り、企業は潜在的な供給力の過剰を抱え、新たな投資先を見出すことに困難を覚えはじめた。[*6] 純投資は伸びず、企業は収益をもっぱら金融資産の購入もしくは自社株買いにまわし、株価を釣り上げ、配当を増やした。[*7] 企業は、生産的投資の抑制に加え、生産拠点を海外に移し、在外調達を推し進めた。そのインパクトは大きく、高賃金の雇用基盤はみるみる侵食された。この傾向は、１９９０年代後半からのＩＴバブルの時期に一時弱まったかに見えたが、その後、２００８年の金融危機を経てふたたび顕在《けんざい》化し今日に及んでいる。また投資抑制のもとで、第４期以降、現在に至るまで、企業間の買収合併が進み、「寡占《かせん》化」の進展が見られつつある。[*8]

技術面と並んで重要なことは、賃金と社会保障の制度面での限界である。高賃金はアメリカでも日本でも、独占的な力をもった大企業を中心に広がった。年金制度はそれとタイアップする形で、職域ベースで管理された。しかしこの組み合わせの広がりは、労働者の約半数をどうにか包摂した段階で収束し、多くの人々にまともな生活と老後を約束するには至らなかった。80年代以降には、新自由主義が制度そのものの切り詰めを主張しはじめ、戦後の賃金と社会保障の水準はみるみる侵食された。

賃金制度については、アメリカは、日本や韓国と同様、もともと大企業と中小企業の賃金格差が強い国であったが、80年代以降、つまり長期停滞と歩調を合わせて、さらにその格差は強まり、下位所得層で貧困が蔓延しつつある（Davis and Haltiwanger 1991：浅野２０１７）[*9]。

社会保障制度については、老齢年金制度を見ると、日本の基礎年金部分に当たる社会保障（Social Securityと呼ばれる）は8割以上の退職者をカバーしている。しかし、企業年金および公務員年金（日本の厚生年金に相当し、Pensionと呼ばれる）は6割の退職者世帯をカバーする程度にとどまり、その後、それ以下の所得層に広がることはなかった。したがって、アメリカの場合、4割はまともな老後の保障から取り残されたままと言える。

「ＩＴ革命」や「第三次産業革命」と呼ばれる90年代のハイテクブームの時期に、経済は多少持ち直すかに見えた。しかしその後、経済の勢いは急速に衰えた。第三次産業革命は、長く取れば１９５０年代後半のメインフレーム・コンピュータの導入に始まるものとされ、それは現在も進行中である。確かにパソコンとインターネットの普及、ｅコマースの広がりは、日常生活やビジネスのあり方を大きく変えた。しかし、生産性の面から見れば、今日の情報通信革命（第三次産業革命の中核）は、第二次産業革命ほど生産性には貢献していないと言われる。先ほどのゴードンによれば、第二次産業革命が１８７０年から１９７０年までのほぼ1世紀の間、効果を及ぼしたのに対し、第三次産業革命は１９９６年から２００４年までの8年でその効果が潰えた。ゴードンは次のように言う。「アメリカの成長が１９７０年以降、鈍化《どんか》したのは、発明家がひらめかなくなったわけではないし、新しいアイデアが枯渇したわけでもない。食料、衣服、住宅、娯楽、通信、医療、労働環境など、生活の基本的な部分が、その時点で一定の水準に達してしまったからだ」(Gordon 2017, p. 641)

つまり、今日の長期停滞は、資本主義システムが20世紀の半ばに技術革新の一定の飽和《ほうわ》状態に達したことによって起こったものと考えられる。*11 ドイツの社会学者、ヴォルフガング・シュトレークも次のように言う。「すべての西側諸国で大量生産される標準的な耐久消費財の市場が飽和状態の兆候を示しはじめていた。もはや消費者にとって基本的に必要となる財はほとんど満たされていた。洗濯機はまだ動きつづけているのに、なぜ新型を買わなければならないのか？　というわけだ」(Streeck 2016, p. 97)

今日の長期停滞が、財やサービスの潜在的過剰によって起こっているという説明は、今日の先進諸国の経済がますます少ない投資によって維持されていることからも成り立つ。図表1―3は、アメリカの民間国内総投資と純投資（対GDP比）の変化を見たものである。

総資本形成のGDP比は80年代のピークの16%から現在は13%前後へと低下し、純投資はかつての6%以上から半減し、3%程度にまで落ち込んでいる。純投資比率は経済成長と密接に結びついていて、かつて近代化論のW・W・ロストウが経済のテイクオフ（成長の軌道に乗る）のた

図表1－3　アメリカの民間国内投資と純投資のGDP比（1960–2018年）

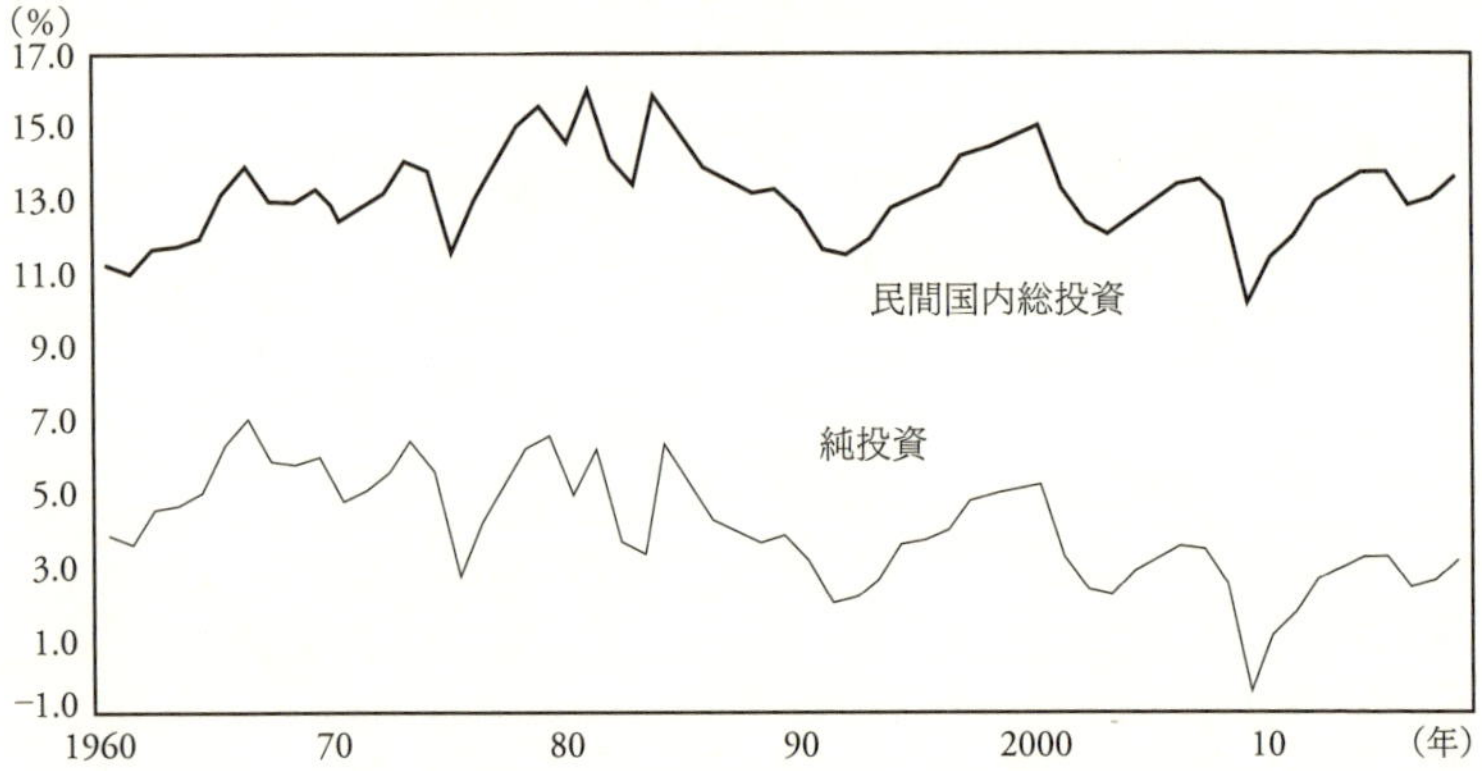

（出所）U.S. Bureau of Economic Analysisより作成。

めには5～10％なければならないと述べたものである[*12]。確かに60年代に純投資比率はアメリカで6％を超え、日本では10％を超えていた。ところが現在のアメリカや日本の経済は、2～3％程度のそれで技術的に持続している。理論的に言えば、経済成長率と純投資は、所与の所得分配のもとでの資本産出量比率によって規定される。これらのことから今日の長期停滞の原因は、生産性の不十分さにあるのではなく、生産力の飽和状態にあると言える。

　財とサービスの潜在的過剰を裏づけるものとして、さらに次の事実を挙げることができる。すなわち、産業全体の設備稼働率の低下である。アメリカでは産業全体の設備稼働率は、1970年代の90％近い水準から、現在は70％台へと低下している。製造業全体で見てもほぼ同様の変化が見られる。2008年の金融危機後、設備稼働率は70％台後半で推移しているが、それは生産能力の形成が伸び悩んだためであり、生産量自体は金融危機以前の水準を回復していない。つまり、投資と生産能力の形成に強いブレーキが働いていて、それでもなお2割以上の設備が遊休状態にある。このことは、現在の経済がその潜在力を十分に発揮していないと同時に、それでもなお財とサービスの供給に顕著《けんちょ》な不足は現れていないことを意味する。

こうした変化は北欧も含め他の多くの先進諸国に共通して見られ、長期停滞の一種の症状とも言える。しかし、とりわけアメリカや日本において、今日の長期停滞が国民・労働者に耐えがたいものとなる原因は、長期停滞に対する企業の投資と賃金抑制があまりにも強く、それを補う政策措置が全く手薄なためである。

80年代以降の企業の雇用創出力の弱化は必然的であり、したがって第二次世界大戦後から1970年代初頭までの高い賃金と社会保障制度を組み合わせた戦後成長モデルの延長、あるいはそれへの回帰では、もはや多くの人々を貧困や生活の不安定から救い出すことはできない。企業の活発な投資が雇用をつくりだし、より多くの人々の生活を豊かにした時代は過ぎ去り、貧困と雇用不安が蔓延する。これが長期停滞下での資本主義の危機の第一の側面である。

こうした資本蓄積のあり方が、戦後の一種の社会契約をなした高蓄積に基づく高雇用体制を侵食し、職域を基礎として保険方式で成り立つ社会保障制度の基盤を掘り崩している。シュトレークは、われわれがニューディール型資本主義と呼ぶ、資本主義が社会保障によって制度的に補完された戦後の資本蓄積の構図を、「資本主義と民主主義の強制結婚」（できちゃった婚 shotgun marriage）と呼んだが、彼は、第二次世界大戦後の数十年間が、「民主主義を通じて達成された経済成長と社会的・政治的安定が、資本主義のもとで共存していた唯一の時期」であると言う

(Streeck 2016, p. 4)。つまり、この夫婦関係は長続きせず、70年代を境にその熱は冷めてしまった。経済成長の切れ目が縁の切れ目ということである。

「砂袋を投げ捨てるほど高く上がれる」――「新自由主義」とは何であったか？

ニューディール型資本主義、すなわち高雇用を基礎とする高賃金と社会保障の結婚生活のぎくしゃくした関係をいち早く問題と感じたのは、労働側より、むしろ企業や保守派の経済学者たちである。経済成長率が落ち込むと、経済への政府の関与を少なくし、規制を緩和することこそが市場効率に合致するという主張が叫ばれるようになった。いわゆる「新自由主義」のイデオロギーである。

1980年代以降の「新自由主義」の目指したものとは何であったか。それは労使関係と政府のそれまでの役割を見直し、企業は安定的な就労条件を保障する役割を放棄し（雇用の非正規化、外部化）、社会保障から撤退することであった。それはまた政府にとっては、社会的支出を抑え、減税によって資本蓄積を促進するという政策転換を意味した。しかし70年代の経済問題を解決すると称して現れた新自由主義の政策は、インフレーションを抑えることには成功したが、それ以外については、当時より深刻な経済問題を残したと言える。国内経済問題だけでも、経済成長率のいっそうの鈍化、格差と貧困、経常収支と財政収支の悪化、人種対立の激化、産業の衰退、金融スキャンダルなどである。

新自由主義の経済政策の弊害は、特に財政に端的に現れている。財政政策における新自由主義の提唱は、1950年代からジョージ・スティグラーやフランク・ナイトらシカゴ学派の経済学者たちが盛んにおこなっていたが、70年代になると保守派の財政学者たちは次のように言いはじめた。第一に、ケインズ政策が均衡財政主義を取り払ってしまったため、歳出増加に対する歯止めがなくなった。第二に、財政赤字、インフレーション、政府部門の膨張はすべてケインズ派の政策の責任である。したがって、第三に、これらの問題を解決するためには、財政のルールを設け、政府をコントロールし、支出を抑えねばならない（Buchanan, Wagner and Burton 1978）。

財政の肥大化を批判するこうした理論は、戦後の高雇用と生活保障という事実上の社会契約の負担を企業および国から個人に押し戻す、大がかりな運動の始まりを意味した。「国家は解決ではなく問題である」、「福祉から就労へ」、「民営化による効率化」、規制緩和、グローバリゼーション、労働市場の流動化、雇用の適正化——これら新自由主義の宣伝文句は、長期停滞に対する保守派の側からのイデオロギー的反応の抑制的な表現であった。

この政策転換について、ポール・ロバーツはおもしろい例えで説明している。「迅速なコスト削減と株価上昇策にどんどん傾いている企業戦略のもとでは、経営陣が従業員を気球の砂袋のように扱うのももっともであった。投げ捨てれば投げ捨てるほど、気球に乗っている自分は高く上がれるのだ」（Roberts 2014, p. 52）

戦後成長モデルの支柱である高雇用政策と社会保障制度が切り崩されることによって、経済停滞はさらに深刻化し、財政は悪化した。財政赤字を削減するという新古典派経済学の主張とは裏腹に、1980年代以降、全般的に公的債務の比率は上昇傾向をたどった。「財政再建」「小さな

図表1－4　国家債務の長期的推移（対GDP比）1900-2012年

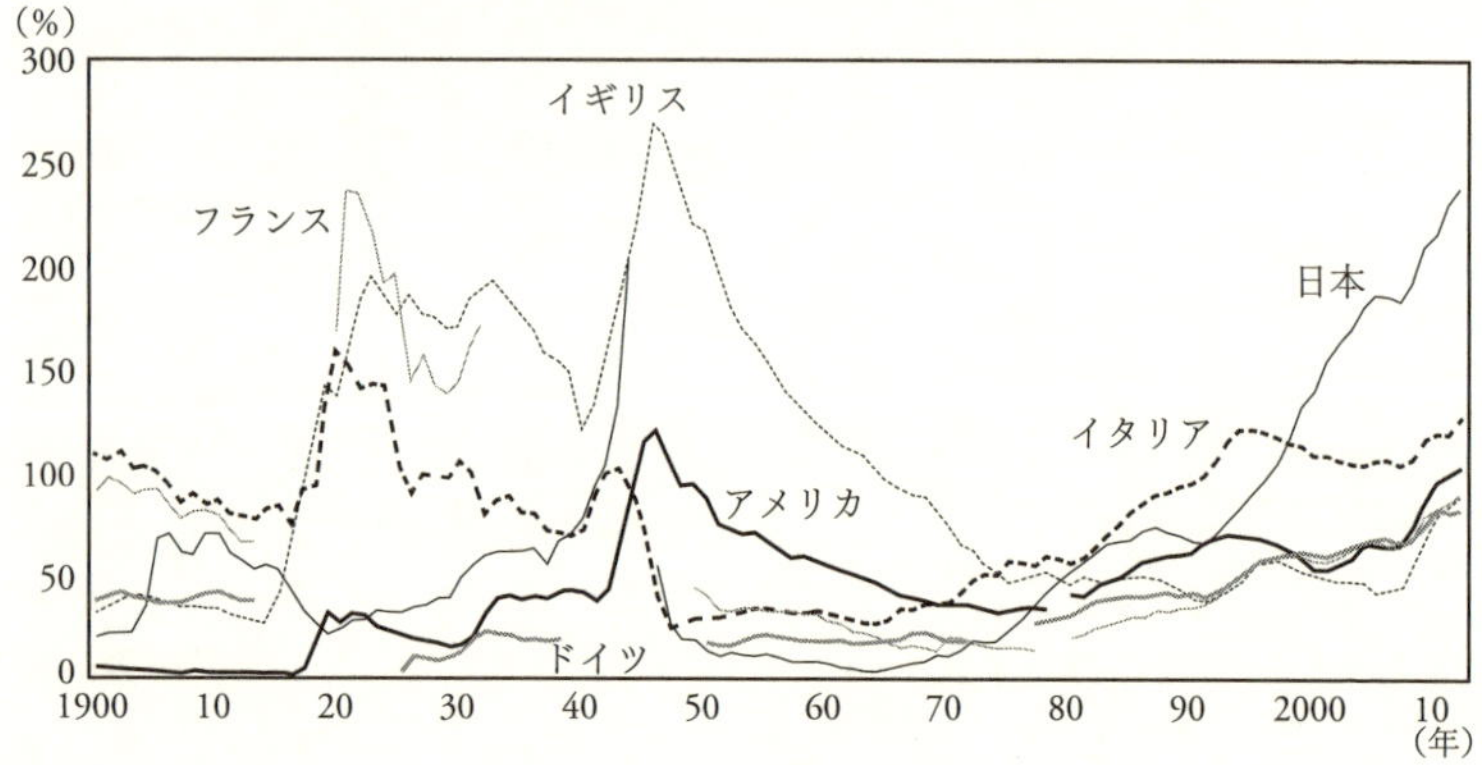

（出所）IMF（2013）A Historical Public Debt Databaseより作成。

政府」の建前のもとで財政は肥大化し、つぶされたのである。

図表1－4は、主要諸国の長期の政府債務の対GDP比を見たものである。20世紀全体として、政府債務の役割は経済成長の大きな山の上りの局面で小さくなり、下りの局面で大きくなった。つまり経済成長と逆相関にある。したがって20世紀のその形は逆U字型で、図表1－1と重ね合わせれば、山中湖に映った逆さ富士のような形になる。財政は経済成長率が低いときに役割が大きくなり、成長率が高いと低くなる。しかしこの関係は、あまりに低い経済成長率が長期にわたると続かなくなる。今日、財政の役割が重要さを増すべき経済の停滞局面において、財政赤字の割合はすでに高止まりしたままである。つまり、経済停滞を抱え込んだまま、毎年莫大な金額が公債の利払いにあてられているのである。この図はそうした財政の危機的な現状を示している。

80年代以降の保守派の政策は、財政の面で言えば、

いわば「焦土作戦」である。政府も資本家も、財政赤字を持ち出して「無い袖は振れない」と言えば、社会保障の拡充を求める国民が尻込みすることに気づき、それを最大限利用した。また所得分配や社会保障をめぐる労働側の要求が国の財源問題に絡《から》むと、係争の場が労働組合にとって関与しづらい政治の領域に移動する。しかし、その一方で、企業に対しては、不況のときこそ財政の役割が大事だとして、企業への補助金や減税などの大盤ぶるまいは続いた。累積した財政赤字を理由に「財政再建」が主張され、緊縮政策が始まると、今度は政府部門の赤字が家計の赤字に置き換わるという新たな問題が生まれた。新自由主義は、その政策によって経済停滞が深まれば、さらにそのことを根拠に緊縮政策の必要を主張するという、自己充足的、マッチポンプ的な予言であったと言える。

１９７０年代以降の不安定化を増す資本主義の推移を、シュトレークは次のように段階的に特徴づけている。

「近代資本主義の制度のなかでも、最も神秘に満ちた制度である貨幣。その力を利用して、潜在的な不安定化要因である社会紛争を緩和しようとしたのだ。最初はインフレを通じて、次には国家の債務を通じて、さらには民間信用市場の拡大を通じて、そして最後は、今日のように、中央銀行による国家と銀行の債務買い取りを通じて、それは戦後の民主主義的資本主義の危機を、時間を買うことによって先送りし、引き延ばすための方策だった」(Streeck 2013, p. xii)

この指摘は、１９７０年代のインフレと景気後退の時代、レーガン政権の財政赤字の拡大、ヨーロッパの緊縮政策（１９９９年のユーロ発行に伴い、ユーロ加盟国は財政赤字を対ＧＤＰ比で３％

以内に収めなければならないとされた）、さらに欧米、日本を問わず起こっている家計債務の膨張、といった継起《けいき》的な事象の変化を説明しようとしたものである。第一のインフレの時期は70年代のスタグフレーション、第二の赤字拡大の時期は図表1―4の80年代以降の公的債務比率の上昇、そして第三の緊縮政策はヨーロッパ諸国での80年代末以降の一時的な財政改善（すべての国で一律ではない）にそれぞれ対応している。日本はバブル期を除いて、アメリカはクリントン政権期を除いて、財政は改善されずじまいであった。アメリカと日本では財政は、大企業や富裕層に向けての緩和と一般国民に対する緊縮という形で二重に進んできた。行き着く先は、現在の中央銀行の直接的な市場への介入である。

不均衡拡大のもとでのバブル循環

多くの経済学者が、今日の資本主義を「金融化」（financialization）と特徴づけている。このことは、資本主義の病状の現れ方が金融的なものに徐々にシフトしてきたことを表している。1970年代以降の経済危機では、石油ショックなど外生的な要因が経済危機を増幅させたケースを除いて、実体経済の不均衡（供給過剰や供給不足）によって起こった危機はほとんどない。リーマン・ショック後の一時期や東日本大震災後の日本で、生産のボトルネックが現れたことによる停滞の例が見られたが、経済危機のほとんどは金融的な歪《ゆが》みから生まれ、それが実体経済に波及するという経路をたどっている。2008年の金融崩壊から今日まで、株価の間歇《かんけつ》的な急落が問題となっているが、それらは主として金融的な領域の問題である。

しかしこのことは、資本蓄積のあり方が実体面で健全であったことを意味するものでは決してない。むしろ、極端な価格変動や株価の急落として発現しない場合でも、投資抑制によって経済停滞が深刻化し、さらにその実体経済の低迷が金融的バブルの土台となっている。慢性的な賃金報酬の抑制や資産格差の拡大によって、需要面から経済成長が抑制されているため、金融緩和が実体経済を刺激せず、過剰となった資金がバブルとその崩壊を誘発している。こうした状況のもとでは、金利上昇その他による民間あるいは中央銀行の保有資産の急落などの経路によって、債務の調整が起こる可能性が常にある。

3　危機の社会的側面

「社会関係資本」の収縮――『孤独なボウリング』

日本やアメリカをはじめ、主要諸国の多くで、経済的困窮と生活不安が、広範な層に急速に広がりつつある。しかし、こうした危機的な状況のもとで、戦後成長モデルに代わる経済制度を求める動きは乏しい。長期停滞が、新しいリベラルな所得分配のメカニズムや社会保障制度を目指した運動を生み出さないという問題は、経済過程の分析からだけでは説明できない。このことを理解するためには、危機の第二の側面、すなわち社会構造の面での変化を見る必要がある。

拡大する資本主義経済は、それ自体が単独で自律的に発展してきたわけではない。経済は、それを覆う外皮として成長してきた社会構造、すなわち人々の多様な社会的結びつきに依存し、それを元にした諸制度の枠組みによって維持されてきた。社会的諸構造は、支配構造からある程度の自立性をもち、その役割は複雑で矛盾したものである。概して、社会的な結びつきの多くは、資本主義の成長を促進し、あるいはその暴走を抑止する歯止めの役割を果たすことによって、資本主義に多様な利害を反映させ、支配構造を柔軟にする役割を果たした。しかし資本主義の長期停滞に伴って、今やそうした社会の機能が衰弱しつつある。

アメリカでは19世紀末に組合主義的な労働運動が現れるが、それ以前にすでに人々は教会、宗教結社、友愛団体、女性団体など、任意の自発的で階級横断的な結社を組織し、多様な形態でつながりを広げ、それらを介して自分たちの利害や主張を地方政治や国政に反映させる努力を強めた。[*13] アメリカの社会学者たちは、人々の多様な結びつきを「社会関係資本」（Social Capital）として概念化し、長年研究を積み重ねてきた。社会関係資本とは、労働運動をも含んだ広い社会関係を指し、慈善、地域、文化、宗教、思想、学習・教育、アイデンティティ、娯楽などのための社会的、自発的結合を意味する。それらには家族、隣人間のインフォーマルなつながりから、フリーメーソン、宗教団体、慈善団体、労働組合、女性団体、グレンジ（農民団体）、ＹＭＣＡやＰＴＡなど様々な組織化されたフォーマルなものまで含まれる。

彼らの研究によれば、社会関係資本のうねりは19世紀の後半に強まり、大恐慌期とその前後という例外期を除いて、20世紀前半の３分の２まで着実な上昇を示した。ところがこの波は１９６０年代にピークアウトし、１９７０年代以降、急速に衰えた。図表1-5はこの分野の研究の第一人者であるハーバード大学のロバート・パットナムによる資料であるが、全国的な有力

図表1－5　アメリカの全国的組織32団体の平均会員数（1900-97年）

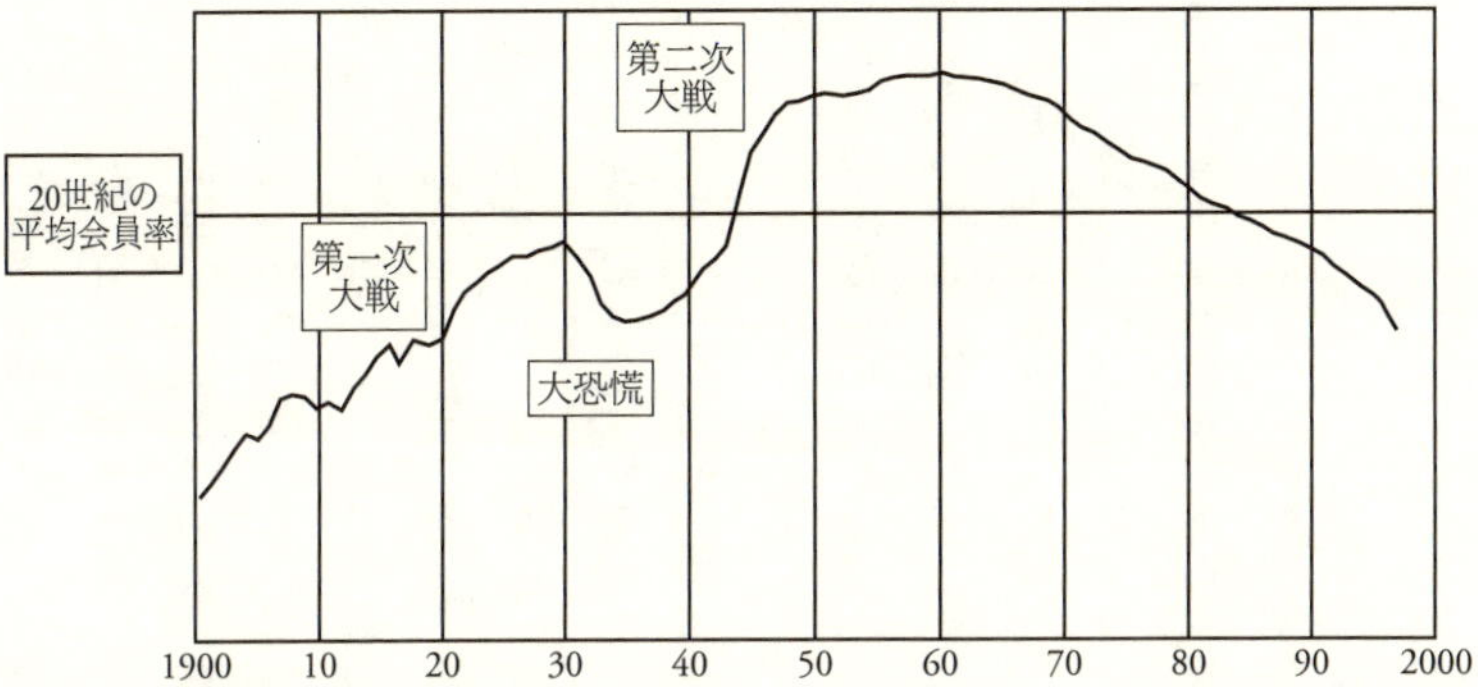

（出所）Putnam, Robert D. (2000) *Bowling Alone: The Collapse and Revival of American Community*, Simon & Schuster, p.54.

な組織の正式会員数を指標にとると、自発的結社への積極的関与は驚異的なスピードで衰退し、数十年ほどの間にほとんど指標を半減させたことがわかる。

パットナムの著書のタイトル『孤独なボウリング』（*Bowling Alone*）とは、かつてアメリカ人はボウリングをする際にはリーグをつくったものであるが、今では個々ばらばらでおこなっている、これはなぜか、という素朴な問いを表したものである。アメリカ国民は単に政治的生活からのみならず、労働組合やPTA、地域活動や慈善活動など、組織生活全般から大挙してドロップアウトし、相互に疎遠となり、自身のコミュニティから引き離されてしまったとパットナムは言う。[*14]

「市民参加の低下は、平等に降りかかった災厄のように見える。クラブの集まり、友人の訪問、委員会への奉仕、教会出席、慈善的寛容さ、トランプゲーム、そして投票参加に見られる急激かつ確実な減少は、過去数十年の間、アメリカ社会の事実上すべての領域に対し、ほぼ同程度の割合で直撃した。この低下傾向は、女性の間でも男性の間でも、東西両海岸地域においても中央部地域においても、借家人でも自家所有者でも、黒人スラム街でも郊外の白人地域でも、裕福でも貧困でも、独身者でも既婚カップルにおいても、非熟練労働者の間でも小規模業者でもトップ経営者においても、民主党、共和党そして無党派層の間でも、子どものいる親でもいないものでも、フルタイム労働者でも主婦の間でも等しく見られる」(Putnam 2000, p. 185)

ここではパットナムらの議論の細部に立ち入ることは避け、経済成長と結社の盛衰とは密接なつながりがあることにのみ注意したい。社会関係資本の規模を大規模組織の平均会員数で捉えた場合、図表1-5の自発的組織の規模の変化は経済成長や長期金利のパターン（図表1-1、1-2）と一致している。会員数の大まかな変化の形状は20世紀半ばを頂点とする山型であり、1920年代から30年代には落ち込んでいて、経済成長とパラレル・ワールドの感がある。

社会と経済成長の結びつきについては、パットナムも引用しているが、ペンシルベニア大学の経営学者ピーター・キャペリが次のように指摘している。「現代アメリカ社会は、予想可能な昇進と順調な賃金の伸びに特徴づけられた安定した雇用関係の上に築かれてきた。マイホームの購入や大学教育のような長期の個人投資、コミュニティの絆とそれがもたらす安定性、家庭生活の質はすべて、仕事上のリスクや不安定性が軽減されることによって拡大してきた」(Cappelli 1999, p. 35)

キャペリが言うように、多様な社会関係を形成しようとする志向は、安定した経済関係と結び

ついている。ハーバード大学のシーダ・スコッチポルは、19世紀半ばにできた農民運動組織グレンジ（1867年）、米国赤十字（1860年）、キリスト教禁酒同盟（1874年）などの諸団体は、政府の方針を定めるうえで、政党を補完し、また政党と競い合うことによって、地域の公共政策やさらに全国レベルの社会政策に影響を及ぼしたとし、さらに南北戦争から第二次世界大戦後まで、自発的なメンバーシップ結社はアメリカの社会保障制度の形成に大きく貢献したと述べている（Skocpol 2003, pp. 12-71）。市民の自発的な諸団体の活動は、経済成長とともに広がり、拡大する経済に必要な様々な制度を生み出し、経済成長による利益の分配を図り、文化や娯楽を発展させ、さらには市場規制や社会保障の成立の背景となった。社会関係資本は経済成長を包み込む外皮として成長したのである。経済成長のもとで、人々は拡大する所得の一部を社会関係資本の形成に振り向けてきた。逆に、大恐慌期や現在のような経済的に不安定な時期には、人々の自発的結束は弱まる。

両者の関係は、団体に所属することを通じて社会に働きかけることから得られる経済的その他様々な追加的利益の大きさに関わっていると考えられる。経済が急速に拡大する時期に、人々は政府、地域、企業に多くの要求を実現させることができた。また政府や企業もそうした要求に応えることができた。政府は社会給付を引き上げ、教育制度を改善することができたし、企業は賃上げに応じ、福利厚生や企業内教育を拡充させることができた。人々は運動を組織し、運動それ自体から目に見える成果と充実感を得た。企業や地域の規模が量的に拡大し、質的にも変化する時代には、人々が積極的に社会的活動に乗り出す反応の閾値《しきいち》は低くなる。

ところが、経済成長がごくわずか、もしくは静止状態となり、組織や運動への参加が十分な成果を生み出すことが期待できなくなれば、人々は、組織の構成員として新しい目標を目指し運動を進めるよりも、既存の成果を守ることにエネルギーを用いることに終始せざるをえない。そのため組織運営は現状維持型、前例踏襲《とうしゅう》型となる。つまり、経済成長率が逓減《ていげん》するもとでは、社会構造の面でも硬直化と収縮がパラレルに、しかも加速度的に進むと考えられる。経済停滞のもとで政治や社会の組織的厚みが縮小したことによって、人々が主体的に社会に働きかけるインセンティブはますます低くなり、選択肢のなさ、先行きの不安が、人々の結びつきを阻害する。経済成長率の時代ごとの格差は、社会関係資本と社会構造の振幅に、驚くほどの影響を及ぼしたのである。

アメリカにおいて、経済成長の減速に先駆けて、社会関係資本が１９６０年代にピークアウトした理由の一つは、すでにその段階で経済が基本的な生活の必要をかなりの程度満たす平衡《へいこう》状態に達したために、人々が追加的に社会に働きかけるインセンティブを失いはじめたことによって説明できるであろう。これは経済の面で、20世紀半ばに技術革新がある種の平衡状態に至ったことと相似形である。市民はこの頃にはもはや、制度や文化を生み出す主体というよりも、すでにできあがった制度や文化の利益を享受する客体となりはじめた。さらに変化の一部は、これもスコッチポルが指摘しているように、１９５０年代以来の公民権運動とその後のマイノリティの権利要求運動が、アメリカのコミュニティと社会組織を根底から揺るがし、白人中間層の保守化をもたらしたこと、つまり人種問題によって説明できる。[*15]

社会関係資本の収縮の後を追うように、１９７０年代初頭から、アメリカでは国政選挙での投票率が、低年齢層から徐々に下がりはじめた。ニューディール型資本主義を生み出した社会的土壌は、明らかにこの頃にその養分を失いはじめ、今日に至っている。

「公共性の構造転換」（ユルゲン・ハーバーマス）

社会関係資本の衰退は別の視点から、すなわち資本主義の制度そのものの機能からも考察されてきた。ドイツの政治哲学者ユルゲン・ハーバーマスは、パットナムらアメリカの社会学者たちよりもかなり早い時期から、今日の社会構造の変容の根源に迫ろうとした。彼は、現代の資本主義における権力構造、すなわち資本による労働者・国民の統制という文脈における資本主義的制度の役割の解明に取り組んだ。彼の主張を１９６２年の著書『公共性の構造転換』によって見てみよう（Habermas 1991）。

ハーバーマスはまず、中世的支配のなかで統合されていた国家（政治）と市民社会（経済）が資本主義の発展につれて分離を遂げるなかで、「討論する公衆」が「市民的公共圏」を生み出したと考えた（「国家と社会圏の原理的分離」）。「公共圏」とはもともとはハンナ・アーレントの概念であり、古代ギリシャにおいて市民が自由に政治や哲学を論じる場を意味するが、それをハーバーマスは現代に当てはめている。ところが、19世紀の最後の四半期以降、国家が、社会保障、労働規制、企業規制など私企業が単独ではおこないえない業務を担うことによって、国家と市民的公共圏が相互浸透し（「公的領域と私的領域の再統合」）、権力的な性格が公共圏に入り込んだ（「公共圏の構造転換」）。その結果、かつて国家と社会を媒介していた公共圏は変質し、その媒介機能は公衆の手を離れる。私生活圏から形成された自発的団体や政党が国家装置と共働し、権力行使と勢力均衡の役割を担うとハーバーマスは捉えた（Habermas 1991, p. 177）。

この公共圏の議論を土台に、社会保障制度についてハーバーマスは次のように考える。すなわち、市場経済が発展し、公的な社会保障ができるにつれ、家族は生産、介護、育児、教育、伝統や道徳、価値観の継承などといった自立的機能を失いはじめた。こうして家族に残されたのは、公共的サービスとレジャーを消費する機能であり、個人には、生産や文化の担い手というよりも、「消費文化」のなかで生活保障の恩恵を享受する受給者、消費者としての役割があてがわれる。国家が公共圏、市民社会、家族に浸透することによって、人々はただ単に文化や商品を「消費する公衆」と化した。[*16]

ハーバーマスは現代の様々な社会政策や労働政策が果たした積極的な役割を否定しているわけではない。しかし、社会保障制度が確立したことによって、労働者は、企業への依存に加えて、国家への依存を余儀なくされる。賃金と社会保障によって、ある程度の生活が維持可能となれば、もはや労働者は個人としては、その制度の継続性を追い求めるようになる。そこでは支配的システムに対するさらなる挑戦は副次的な関心となる。これが「公共圏の構造転換」の内容である。こうしてハーバーマスは、企業による労働支配というにとどまらない、個人が政治支配そのものを受容し、政治から疎外される構造を描き出そうとしている（Habermas 1991, p. 175）。

こうしたハーバーマスの理論は、社会保障制度の研究者に大きな影響を及ぼした。イギリスの政治学者、ハートリー・ディーンらは、今日の社会政策の内容をなす高い賃金と社会保障は、労働者あるいは国民すべての層には行き渡らず、差別的に配分され、普遍的な生活保障制度としてではなく、労働規律と社会統制の手段として、労働者の企業と国家への依存を引き出す役割を担っていると強調する。さらにまた、間接賃金という支払い形態が、その支給が労働力の対価であることを覆い隠すとも述べている（Dean 1991）[*17]。

ハーバーマスの書くものは難解であるが、すでに見たパットナム、スコッチポル、ディーンらの研究をふまえれば、その言わんとすることがよくわかる。ハーバーマスは、政治的国家と区別された市民社会の大枠を「市民的公共圏」と捉え、国家と私的領域が資本主義の歴史的発展に伴っていかに変容を遂げたかを説明している。「公共圏」とは実体的な概念というより、いくぶん作業仮説的モデルと言うべきであるが、ハーバーマスの「私生活圏から形成された自発的団体や政党」は、パットナムやスコッチポルの言う「社会関係資本」と同じものを指すと言ってよい。

ハーバーマスの議論は、市民が国家とは独自に私的社会領域をつくりあげ社会に働きかける側面に焦点を当てる点ではパットナムやスコッチポルの議論と同じであるが、私的領域は支配構造に深く組み込まれていると見ており、社会構造の権力的な性格を強く意識している点でよりメリットがある（もちろん、社会関係資本のすべてが権力的というわけではないが）。

ハーバーマスは、19世紀後半において資本と国家が労働運動に介入し、他方で、普通選挙権を与え、社会保障を整備し、賃金決定における交渉で労働運動に公的機能を与えることによって、資本主義のシステムに対する社会的承認が調達されるというロジックを巧みに表現している。かつてイギリスの歴史学者、エリック・ホブズボームは、19世紀末から20世紀にかけて、「経済革命」が「政治革命」を呑み込んだと述べたが（Hobsbawm, 1975）、ハーバーマスの議論はこのホブズボームの言う「政治革命」が抑え込まれた制度的なメカニズムを明示したものとも言える。

ハーバーマスが言うように、今日の賃金制度や社会保障制度には、支配構造を支える機能がある。特にアメリカや日本の制度にはその性格が強い。ニューディール型の社会保障制度は、社会的貧困のかなりの程度を根絶する成果をあげた半面、多くの人々をその恩恵から遠ざけている。年金制度（アメリカにおいては医療も）は職域をベースに管理され、保険方式で成り立っているため、多くの労働者とその家族をあらかじめその制度から排除している。また、現役時代の所得格差が老後の給付水準の格差につながるという弊害をもつ（McKay 2005）。公的扶助は就労促進的であり、受給者の制度への依存を生みやすい（「貧困の罠」と言われる）。もし社会保障制度がこのようなものでなく、普遍的なシステムであれば、すべての労働者がまともな生活を得るためには、その量的な拡充を要求するだけで足りるであろう。しかし今日のアメリカや日本の賃金制度や社会保障制度はそうではない。それは真綿で針を包んだようなところがあって、その針を抜き、普遍主義的な制度へ改めることなしには、社会は前に進めない。したがってニューディール型への帰巣願望を望ましいものとすることはできない。

今日、なぜ市民の政治意識や政治参加が弱まったかという問いに対し、労働運動の弱体化などの要因を挙げて済ます説明がしばしば見受けられる。確かに労働組合の組織率やストライキの件数などは、要因として重要である。しかし、分断的な制度そのものが労働運動に広範な層を結集させるうえでの制約条件となったと言えるし、さらにそれは労働運動の領域をはるかに超えて、政治運動、市民運動、教育制度、メディアなど社会全体に深く関わっている。このことはあまり意識されていない。こうした制度のなかに、個々人が社会統制を内面化する論理が埋め込まれている。社会関係資本の衰退は、経済成長の停滞とパラレルであるとともに、ニューディール型の諸制度の帰結でもあることを理解する必要がある。*18

「孤独な投票」(Voting Alone)

社会関係資本の収縮によって、今日、貧困や雇用不安を抱える人々は、自分たちの抱えている問題を代弁し、政治的に表現する手段をもつことができない。彼らは保守派にもリベラル派にも依拠できないと考えている。民主的な代表制のもとで状況を変革できない無力感が、政治的主体であるべき一般国民の政治的怒りとアパシーを生む。極端な政治扇動に彼らの少なくない層が惹きつけられた結果、既成政党への反発、無関心、排外主義、人種差別、ゲイフォビア（同性愛者嫌悪症）、議会制民主主義に対する敵視がないまぜになって政治の表面に現れ、今日の世界各国で見られるポピュリズム、極右勢力が力を得る条件が広がっている。ホブズボームの表現で言うと、現在の現象は、「経済革命」に呑み込まれえなかった、あるいは包摂されえなかった底辺層（ガルブレイスの言う「機能的下層階級」）の不満が、今日新たな「政治革命」として噴出したものと言える。

２０１６年アメリカ大統領選挙の共和党予備選挙でドナルド・トランプが共和党候補に選出さ

れた際に、『アトランティック』誌は、トランプに票を投じた人を、パットナムのBowling AloneをもじってVoting Alone（孤独な投票）と呼んだ。同誌は、あわせてトランプ支持者の52％が市民的活動にほとんどあるいは全く参加したことのない有権者であったという世論調査の結果を紹介している（Appelbaum 2016）。

１９３０年代の大恐慌期には、経済不安の広がりと自発的結社の衰退のなかで、ファシズムが台頭した。社会心理学者たちが言うように、生活の不安定は人々の理性的思考を妨げ、共同性を弱め、攻撃性を強める。公共性の領域の縮小、社会関係資本の退潮はその意味で、今日においても危険な兆候である。アメリカのトランプに見られるように、今日のポピュリズムにはまとまった理論も政治的志向もない。手当たり次第にかき集めた政策の全体は、衝動的で矛盾に満ちたものである。思想的な根っこがないため、昨日はバーニー・サンダースを支持していた人が、今日はトランプを応援している。フランスの黄色いベスト運動やイタリアの五つ星運動なども、政治的な色分けが難しい。このような、保守でもリベラルでもない人々が声をあげはじめている。

リベラル派や左派の理論と政策には、彼らを包摂する力がないとみなされている。確かに残念ながらその通りであり、現在のポピュリズムの土壌をリベラル派や左派が十分に理解してきたとは言えないであろう。イギリスのロックバンド、ピンク・フロイドにComfortably Numbという曲がある。「心地よい無感覚」という意味であるが、私自身も含め、まさにリベラル派や左派のこの「心地よい無感覚」が、無意識に多数の憤激を右翼的なポピュリズムの流れに追いやった一因と言わざるをえない。シュトレークはこの点でも辛辣《しんらつ》である。「秩序解体というのは資本主義に引き起こされているだけではなく、その対立物にも引き起こされているように思われる。つまり、そこでは資本主義を救済する能力だけでなく、打倒する能力さえも失われているのだ」（Streeck 2016, p. 59）

第二次世界大戦後から１９７０年代初頭までの高い賃金と社会保障制度を組み合わせた資本蓄積のパターンでは、もはや多くの人々を貧困や生活の不安定から救い出すことはできない。企業の活発な投資が雇用をつくりだし、より多くの人々の生活を豊かにした時代は過ぎ去り、貧困と雇用不安が蔓延する。これが今日の危機の第一の側面である。危機の第二の側面は社会構造の脆《ぜい》弱《じゃく》化である。社会関係資本は、支配構造からある程度の自立性をもち、その役割は複雑で矛盾したものである。概して、社会的な結びつきの多くは資本主義の成長を促進し、あるいはその暴走を抑止する歯止めの役割を果たすことによって、資本主義に多様な利害を反映させ、社会構造を柔軟にする役割を果たした。しかし資本主義の長期停滞を背景に今や、そうした社会の機能が衰弱している。このことは、これまで経済成長に十分に包摂されないできた下位所得層の不満や怒りが、コミュニティなどの社会関係によって媒介されずに政治的に表面化する土壌となっている。

註

〈＊1〉横軸の第1期から第4期、すなわち１８７０年から１９９２年までは、オランダの長期経済統計の専門家アンガス・マディソンがおこなった推計である。それ以降、１９９５年から２０１０年までを第5期、２０１１年から２０１５年までを第6期とし、ＯＥＣＤ（経済協力開発機構）の統計で補足してある。マディソンは各々の時代の特徴によって時期区分をおこなっているため、各時期の長さがまちまちである。第5期と第6期に区分したのは、１９９０年代後半以降のＩＴブームの時期の特徴を捉えるためである。

〈＊2〉とはいえ何ごとも運動なしに実現されたものはなかった。１９４１年7月、黒人労働運動指導者フィリップ・ランドルフは、軍需生産の労働需要と黒人の雇用を結びつけるために、黒人だけのワシントンデモを計画した。それに対しローズヴェルト大統領は「どれぐらい集めるつもりだ」とランドルフに尋ねた。ランドルフが「10万人です」と答えると、ローズヴェルトは「ワシントンに10万人のニグロだって。それでは死人が出る」と言い、6月25日に国防政府調達企業の人種統合を盛り込んだ行政命令８８０２を出した（Nichols 2011, pp. 204–5）。

〈＊3〉社会保障制度は、アメリカでは１９３５年社会保障法、イギリスでは１９４２年のベヴァレッジ報告とその後の社会保障法、日本では日本国憲法第25条の制定から１９６０年代初頭までの法制化で確立した。イギリスについて述べれば、この国は、20世紀初頭には河上肇が『貧乏物語』で描いたように貧困と格差の大国であった。その国が「揺りかごから墓場まで」という言葉に示される福祉国家となったきっかけは戦争である。１９４１年5月、ロンドンはナチスの大空襲に見舞われ、6月には独ソ戦が始まる。「社会保険およびその関連サービスに関する省庁間委員会」という長い名前の委員会が設置されたのはこうした情勢下であり、翌１９４２年、所得保障、包括的医療保障、児童手当など社会保障と完全雇用、必要最低限（ナショナルミニマム）などを盛り込んだベヴァレッジ報告が出される。戦後、イギリスは基幹産業の国有化と社会保障制度、高雇用政策を実現し、保険、医療の面で先進的な国となる。社会保障制度はつまり、国民に戦時の結束を促す目的から生み出されたものである。

〈＊4〉ニクソン政権期に経済諮問委員会の委員長を務めた財政学者ハーバート・スタインは、このアメリカ雇用法の性格をうまく表現している。「1930年代の経験をふまえると、政府が高雇用の維持を約束しないという状況は考えられなかった。世界中で、様々な方法で、政府によるこの公約がなされた。アメリカではこの公約は1946年雇用法の形で具体化されたわけだが、これは保守主義者にとって十分満足のいくものではなかった。そこで全国規模の議論の末に議会は、全体として目標の野心的、インフレ的な部分を取り除き、政策手段として赤字財政に頼ることに反対し、さらに自由企業体制に対する献身をあらためて確認した」(Stein 1984, p. 76)

〈＊5〉1970年代が戦後資本主義経済の大きな転機であったことについては、理論的立場を超えて広範な合意が見られる。エドマンド・フェルプスはイノベーションのダイナミズムの喪失、トマ・ピケティは経済格差の拡大、ロバート・ゴードンは生産性の面からそれぞれこの時期を経済の転換点と捉えている。レヴィンソンは、戦後の経済成長期を特殊な「例外時代」(an extraordinary time) と呼び、1970年代初めを境に、「平均的な人々の福利を向上させるという企業と政府との間で交わされた戦後の社会契約がずたずたに引き裂かれ、失業や病気、高齢に対する保障がはるかに少ない、冷血な市場関係によって置き換えられ（中略）、誰にとっても良い時代という底なしの楽観主義が消えてしまった」と述べている (Levinson 2016, p. 22)。ヴォルフガング・シュトレークも次のように言う。「振り返ってみれば、1970年代が一つの転換期であったことに、もはや異論の余地はない。ここで戦後復興が終わり、戦後資本主義の政治的世界秩序そのものとも言うべき国際通貨体制がほころびはじめた。同時に、資本主義の発展契機である経済活動がふたたび危機的攪乱や停滞に見舞われた」（Streeck 2013, p.1）

〈＊6〉総需要と投資低迷の関係については、金融危機以降の先進22カ国の企業のパネルデータを用いた興味深い分析がある（Bussière, Ferrara and Milovich 2015）。それによれば、企業投資の80％以上は外需を含む需要予想によって左右され、残り17％が市場の不確実性によって説明され、金融制約の影響はほとんどなかった。ここでは、需要予測はＧＤＰのマクロ経済予測、不確実性は株式市場の変動、金融制約は企業の資金調達コストをそれぞれ代理変数としている。金利は金融危機以降の金融緩和政策によって低位に推移し、株式市場は企業の自社株買いによって高水準に引き上げられた。それでも投資が回復しないというのは、経済全体の停滞、有望な投資需要の枯渇が原因であると考えられる。戦後アメリカの企業投資の変化とその説明については（本田　２０１６、39～64ページ）をも参照。

〈＊7〉アメリカの企業の純所得に占める配当の割合は、１９６０年代から70年代まで37％であったが、80年代には46％、90年代には58％、２０００年代には63％へと上昇した。また２００３年から２０１２年までのＳ＆Ｐ５００社中４４９社は、その企業収益の54％に当たる２兆４０００ドルを自社株の買い戻しにあて、さらに37％を配当にまわした。こうした企業の分配政策は、政策的な上位所得に対する限界税率の引き下げと相俟って、富裕層の所得の急激な拡大を生み出し、今日の経済格差の原因の一つとなった（Lazonick 2014）。

〈＊8〉アメリカでは、過去20年間に75％の産業部門で、産業集中度の指標であるＨＨＩ（ハーフィンダール＝ハーシュマン指数）が上昇している。集中度の上昇は高いマークアップ率（独占的な収益率）

と高い配当率を伴っていることが、最近の研究で明らかにされている（Sablik 2018: Grullon, Larkin and Michaely Forthcoming）。なお近年の産業集中の傾向については第2章で述べる。

〈＊9〉賃金は、一般にはアメリカが職務給、日本が職能給の性格が強いという違いはあるが、男性正社員が家族賃金を得るという点では共通しており、しかもその賃金が企業規模の違いによって大きな差があるという点でアメリカと日本の制度は類似性が強い。

〈＊10〉２０１７年の平均月給付額は１３６９ドル、下位4分の1の所得層は９６０ドルと、日本より高い。

〈＊11〉ゴードンの主張は、70年代以降の経済成長率の鈍化の原因を生産性上昇率の低迷という経済の供給サイドに求めたものであり、このような説明をゴードンは新古典派経済成長理論の「全要素生産性」（ＴＦＰ）という概念を用いておこなっている。この理論では、経済成長率は資本と労働の投入量と、それらの投入量に還元できない新しい知識や技術に要素分解され、投入量以外の部分はひとまとめに「全要素生産性」（あるいは「多要素生産性」）と呼ばれる。この理論では、総需要の面からの経済の制約は外生的な与件とみなされ、生産性は供給面からのみ説明される。しかし、ゴードンの議論からは、理論の建前とは裏腹に、１９７０年代までに形成された生産性の効果が経済全体にほぼ十分に行き渡り、そのために新しい収益性のある投資が起こりにくくなっているという、需要面での制約がむしろ浮かび上がる。家事のほとんどが家電製品によって合理化され、自動車が普及し、全米に道路網が張りめぐらされ、上下水道はほぼ完全に整備された。こうした過程がいったん終わると、経済全体として新しい製品開発（プロダクト・イノベーション）の面でも、生産工程の改革（プロセス・イノベーション）の面でも一定の平衡状態、飽和状態が現れ、それ以降の新しい技術革新が市場を押し広げる力は弱く、技術の伝播や移転が競争的に進むことと相俟って付加価値を生みにくくなる。つまりゴードンの議論は、裏を返せば、物理的な生産能力が有効需要（購買力に裏づけられた需要）をすでに超えているという、需要サイドからの資本蓄積の制約を描いたものとも解釈できるのである。生産性増加率の低下による企業収益性の低迷が雇用の劣化を生み、それがさらに需要制約を強め企業収益を抑えるという悪循環の根底には、こうした事情があると考えられる。

〈＊12〉ロストウは次のように書いた。「国民所得（もしくは国民純生産）に対する純投資の比率がたとえば5％から10％以上に上昇し（想定している離陸期の状態のもとでは資本／産出高比率は低いから）、ありうべき人口の圧力をはっきりと凌駕して国民一人当たり実質産出高の明確な上昇をもたらす、というような事実が、離陸にとって十分条件ではないにしても必要条件である」(Rostow 1960, p. 37)

〈＊13〉アメリカでは19世紀初頭から様々な連合体や自主的組織の形成がヨーロッパより盛んに見られた。フランスの政治思想家アレクシ・ド・トクヴィルがアメリカを訪れ、この国が「アソシエーション」で満ちあふれていると驚いたことはよく知られている。トクヴィルはこう書いている。「アメリカ人は祭りの実施や神学校の創設のために結社をつくり、旅籠を建設し、教会を建立し、書物を頒布するため、また僻遠の地に宣教師を派遣するために結社をつくる。病院や刑務所や学校もまた同じようにしてつくられる。（中略）新たな事業の先頭に立つのは、フランスならいつでも政府であり、イギリスならつねに大領主だが、アメリカではどんな場合でも間違いなくそこに結社の姿が見出される」(Tocqueville 2003［1840］, pp. 228-29)。

〈＊14〉パットナムの『孤独なボウリング』は、「ペンシルベニア州グレンバレのブリッジクラブがいつなぜ解散してしまったのか正確に語れるものはいない」という印象的な書き出しから始まる（Putnam 2000, p. 15)。「社会関係資本」という社会学的概念を普及させたのはパットナムの功績である。「ネジ回し（物的資本）や大学教育（人的資本）は生産性を向上させるが、社会的接触（社会資本）も同じように個人や集団の生産性に影響する」(pp. 18-19)。パットナムが次のように書いたとき、それは労使関係、すなわち即時的な階級関係の変化のみに視野を限定して社会構造の本質を理解しようとする見方に対する批判と受け取ることができる。「19世紀の社会理論の大御所の多く、ゲオルグ・ジンメルからカール・マルクスに至るまでが、市場資本主義は『冷たい社会』をつくりだし、そこでは友情に必須の対人的な温かさが失われ、人間関係が単なる商品の地位に貶められると論じた。社会的つながりの減少に関するこの一般理論の問題点は、それが説明をしすぎることである。アメリカには数世紀にわたって典型的な市場資本主義があるが、その間に社会資本の蓄積と市民参加は大きな振幅を示した。定数は変数を説明しないのである」(p. 282)

〈＊15〉１９６０年代前半が、白人保守層が公民権運動から離脱する転換点となったことについては、トマス・エドソール、メアリー・エドソール『争うアメリカ――人種・権利・税金』を参照（Edsall and Edsall 1992)。

〈＊16〉同様のロジックは、ロシアの革命家ピョートル・クロポトキンの『相互扶助論』(１９０２年）に見られる。同書は、書かれた当時の動物行動学と文化人類学の成果をもとに、利他主義の進化を考察したものである。そこで彼は、共同体や市民社会の相互扶助の社会的機能を国家が社会保障制度として吸収してしまったことが、偏狭な個人主義の発達を助けたとしている。すなわち、社会保障制度があるがゆえに、隣人相互の扶助の精神が失われた。たとえば、中世ではギルドで誰かが病気になったら、メンバーは互いに看病せねばならなかった。「ところが今では、隣人が病気になっても近所の慈善病院の住所を教えてやればそれで十分だと考えられている」と彼は言う（Kropotkin 2018, p. 239)。クロポトキンは、南西アフリカの「ホッテントット族」(現在ではコイコイ人という）の社会では、「三度大きな声で叫んで、自分の食物を分けてほしい人がいないかどうかを確かめたのちに初めて食事をする。この手続きを踏まないものは大罪になる」と付け加えている。

〈＊17〉ディーンは、フランスの哲学者ミシェル・フーコーが主張した、刑法の個人に対する懲罰的規律の理論を援用し、社会保障制度には本質的に、労働者を資本の統制下に置き、社会的賃金を含む労働者の報酬や経済的選択の幅を極限まで小さくしようという制度的な意図が埋め込まれていると主張した。社会保障は救済の対象となるべきものとそうでないものを区分し、前者を正常化（normalization）させ、後者を懲罰、偏見、あるいは社会的辱めによって周縁化（marginalization）しようとする。「貧困の根絶を社会政策の目標、目的とみなすならば、今日の社会政策は失敗と言わねばならない。しかし、もしも社会政策が貧困の規制や管理を目的としたものであると考えるならば、それは社会統制の目的を達していると言うことができる」（Dean 1991, p. 178）

〈＊18〉ハーバーマスは1972年に、資本主義の正統性の問題を論じて次のように書いている。「福祉国家路線が、（中略）市民の私生活中心主義を維持するかぎり、正統化の必要は必ずしも危機にまで先鋭化することはない」、「正統化の危機が予想できるのは、入手可能な価値量で、もしくは一般的に、体制に従って得られる報酬では満たされない期待が制度的に生み出されたときのみである」（Habermas 1973, p. 74）。しかしハーバーマスがこのように述べたとき、その正統化の危機は、左派やリベラル派からの異議申し立てによるものと想定されたのであった。

第2章　長期停滞の経済学——論争の総括と経済政策

アメリカをはじめ先進諸国経済の経済成長率が長期的に低落している。その動きと踵《きびす》を接して、一般国民の雇用と生活保障が大きく損なわれてきた。

図表2−1で見られるように、主要諸国の一人当たり経済成長率は80年代より半減し、今では1％を割り込みそれ以下に収束しようとしている。あたかも「レミングの行進」である。図表2−2では、その背景で労働シェアが80年代以降、これも顕著に低下しつつあることがわかる。これらのデータは、この間の経済格差の拡大と相俟って、経済成長率の低下と、労働から資本、一般労働者から富裕層への大規模な所得の移動が同時に起こっていることを示すものである。

この数十年間、資本主義経済は、好況期において全体が浮かび上がり、下降期において全体が沈むという軌道ではなく、いわゆる「適温経済」（Goldilocks Economy）のもとで大企業と富裕層は持続的に取り分を拡大し、大多数はジリ貧状態が続くという経路をたどってきた。経済の上層に対する緩和政策と下層に対する緊縮政策の多年にわたる継続の結果、経済が二層に分裂し、成長

図表２－１　主要資本主義国の一人当たり実質経済成長率(1961–2018年)

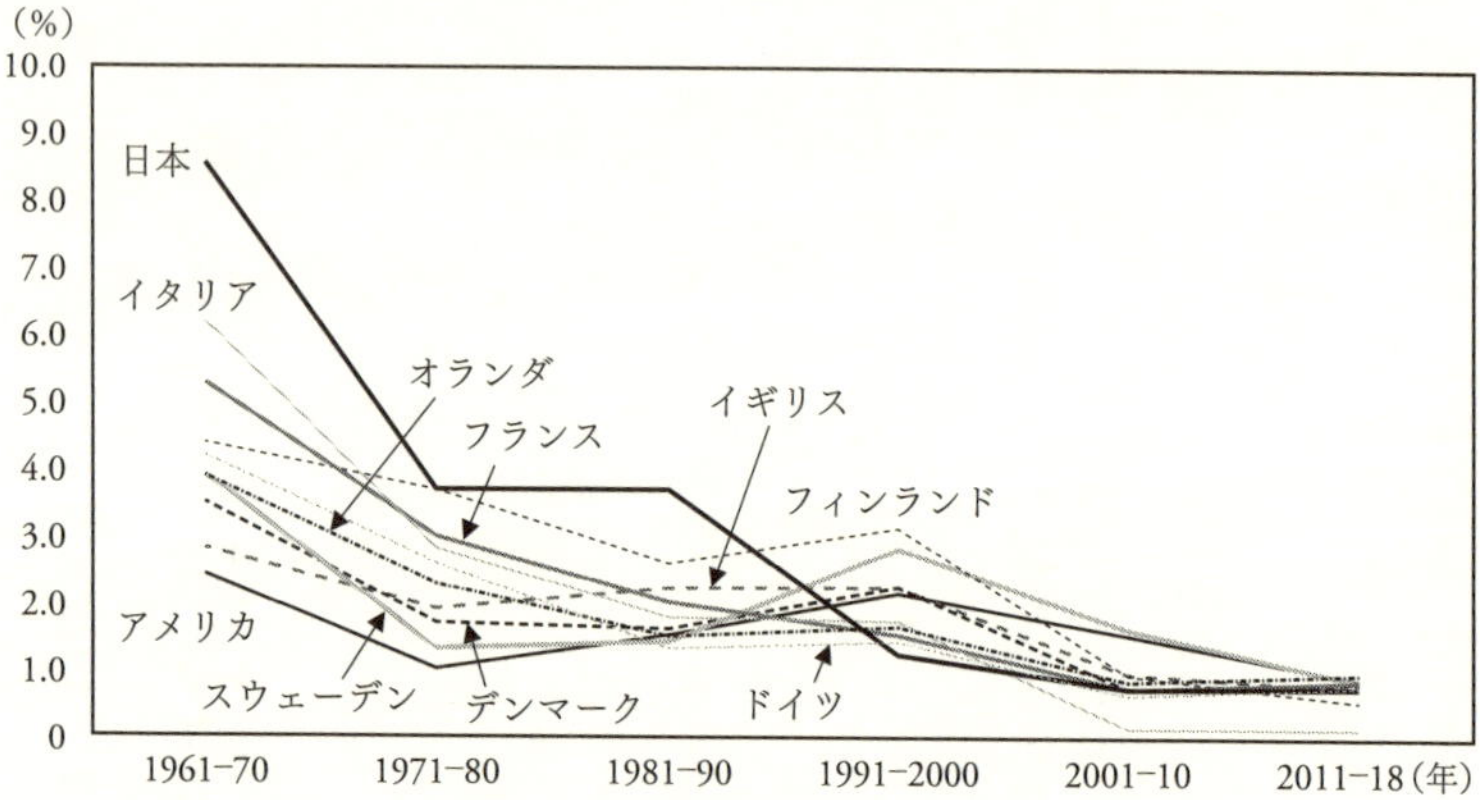

(註) 2010年価格で実質化した数値。

(出所) European Commission (2018) *Statistical Annex of European Economy*より作成。

図表２－２　主要先進国の賃金シェアの推移(賃金報酬の対GDP比、1960–2017年)

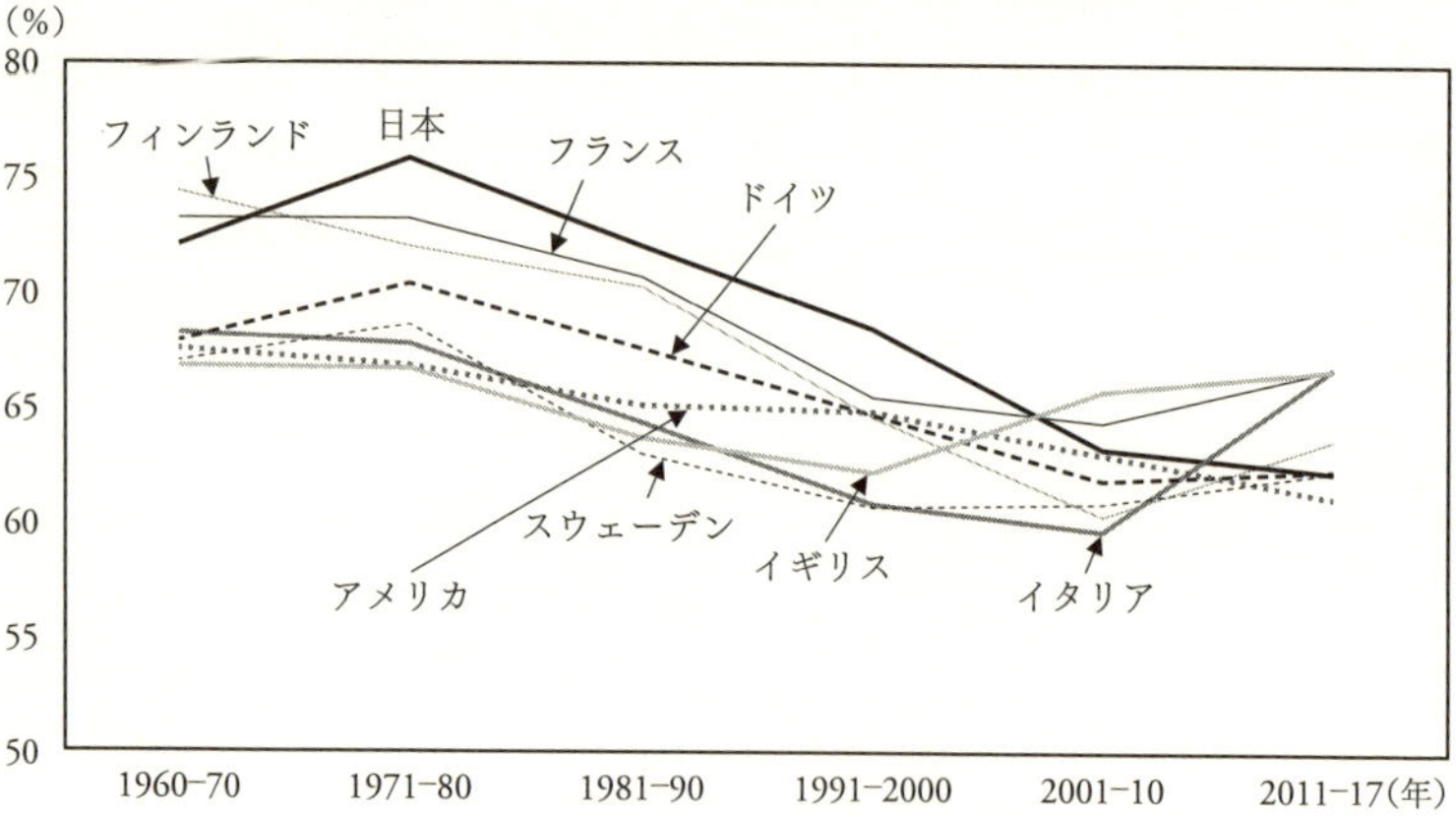

(出所) European Commission (2017) *Statistical Annex of the European Economy*より作成。

と株価上昇が階層によって違った意味をもちつつある。楽観論者はこの構図を無視して株式市場の安定のみに視野を限定し、悲観論者は株式市場の肥大化を警戒する。しかし大事なことは、株式市場の拡大と収縮を通じて広がりを続ける基底的な歪みを理解し、その展開の方向を探り出すことである。

本章ではまず、この間研究者の間でおこなわれてきた長期停滞論のポイントを整理し、現在の長期停滞の特徴をどのように捉えるべきかを考えたい。そのうえで、ポストケインズ派の経済学者が提唱する、大幅な所得分配の改革による現状打開というリベラル派の政策の意義と限界についてふれたい。

1　長期停滞論の諸類型――診断と処方箋

長期停滞の需要サイド

長期停滞（Secular Stagnation）の議論が始まってすでに5年が経過している。議論の直接の端緒は、元アメリカ財務長官のローレンス・サマーズがおこなった、２０１３年ＩＭＦ経済フォーラムでの講演であった。以降、現在も議論が続いている。この論争は、諸論者の理論的立場と政策スタンスの連関が読み取りやすく、議論が短期的なマクロ政策のみならずイノベーションや人口動態に関する長期的展望とも結びついていて興味深い。本節では長期停滞論のいくつかのパターンを考察し、次節でその批判について述べる。

図表２－３　主要先進諸国の長期金利（1960-2015年）

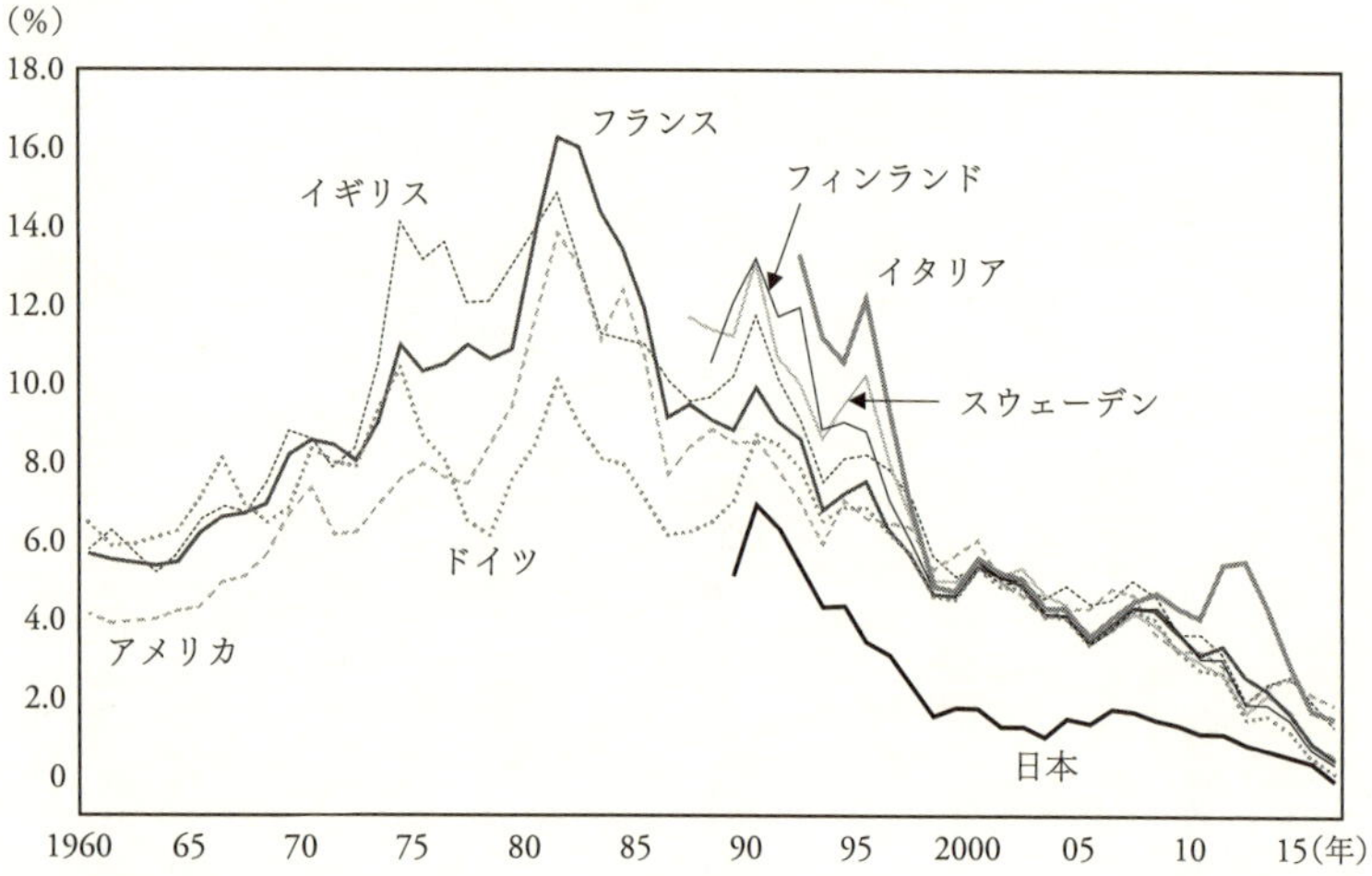

（出所）OECD（2018）*Main Economic Indicators*より作成。

論争の口火をきったサマーズの議論を要約すると次のようになる（Summers 2015: 2016）。アメリカに即した議論として理解していただきたい。

●２００８―09年のリセッション以降、貯蓄と投資をバランスさせる均衡利子率が低下している。貯蓄性向を引き上げ、投資性向を抑制する強い力が働いている。金利を下げても完全雇用均衡が生まれない。

●高い貯蓄率の背景には経済格差と長寿化があり、低い投資性向の背景には技術革新、人口減、資本財価格の低下などがある。資本設備の価格は下がり、デジタル化で必要なオフィスの面積は縮小した。こうした技術革新が必要資本量を減少させ、さらに投資需要を抑えている。

●インフレターゲット政策は、長期的に物価が低迷している時期には効果がない。利下げも需要を前倒しにするだけで効果がない。従来の景気後退ではＦＲＢ（連邦準備制度）は常に5％ポイントほどの利下げをおこなってきたが、もはや利下げの余地はない。金融政策の選択の幅は狭まっている（金融政策の「収穫逓減」）。

●慢性的、構造的な低金利のもとでは、無謀とも思われる政策が必要である。低金利を利用して、財政政策を活用し、インフラ整備や研究開発投資に重点を置くべきである。

サマーズの主張は、長期的な物価と金利の下落および貯蓄過剰に着目し、それらを根拠に、長期停滞の原因を供給サイドではなく需要サイドに見るものである（図表2-3）。同時に、需要の構成要素のなかでも主要には、消費需要よりも投資需要の不足を重視している。また政策論的には、貯蓄過剰状態のもとで金融緩和の効果は限定的とし、財政が重要であるとしている。この点で、財政拡大を強く主張する「シムズ理論」と通じる。*1

長期停滞の供給サイド

ロバート・ゴードンは、長期停滞をより歴史的なスパンで捉えようとしている。第1章でも見たのでくり返しになるが、ゴードンは、今日の停滞が19世紀末から20世紀前半までの技術革新の効果が潰え、産業の中心部分が収穫逓減を起こしたことによるものであると考え、このことが供給面で成長を抑制していると主張している。長期停滞の供給サイドとはこの場合、世紀単位で見た長期の潜在成長率の低下を指している（Gordon 2015）。

●電気と石油内燃機関の発明を軸とする19世紀末から20世紀初頭にかけてのイノベーションの大

波（第二次産業革命）は、1970年代初頭までの生産性の急激な上昇をもたらした。以降、現在までの潜在成長率の低下は、その効果が逓減した結果である。

●20世紀に起こった自動車や家庭電化製品の普及による生活の根本的な変化に匹敵する変革は、二度と起こりえない。その意味で、イノベーションの大波は一回限りの現象である。今日の情報通信革命（第三次産業革命）は、第二次産業革命ほど生産性に貢献していない。第二次産業革命が80年間経済を牽引したのに対し、第三次産業革命は8年でその効果が潰えた。

●潜在成長率の鈍化は純投資を押し下げ、それが生産性上昇率のさらなる低下をもたらす。他方、人口増加率と労働参加率の減少による総労働時間の増加率の減少が、この生産性の低下に拍車をかけ、生活水準の悪化をもたらしている。

ゴードンは、供給サイドにおける問題を全要素生産性（TFP）の変化によって示している。第二次世界大戦後から1973年までとそれ以降とでは、前者が2・8%、後者が1・8%といったように、低落ぶりが著しい。

潜在成長率の低下は、供給サイドの付加価値で見た収穫逓減によるものである。しかしそれは、すでに見たように、私なりに説明すれば、技術進歩によって物理的な供給力の水準が高まった結果として起こっている現象である（物理的な収穫逓増）。このことが産業の成熟や海外の代替的供給源の出現（グローバルな競争激化）と相俟って、付加価値で見た場合の経済成長率を抑制しているのである。つまり、経済が慢性的に過剰な供給能力を抱えつつ、競争が激化した結果、価格と収益が抑えられ、供給サイドに停滞傾向が現れているのである（本田2016）。

物理的単位で見た生産性の改善が、全要素生産性の上昇に結びつくかどうかは、その他の条件、特に需要サイドの条件に依存する。物理的単位で見た場合に、ゴードンの言う第二次産業革命を主導した産業の基幹部分は、「豊作貧乏」の状態で雇用吸収力も弱い。それに対して、成長し雇用を吸収しているのは、教育、医療、金融、保険、対人サービスなど、物理的な生産性上昇率のむしろ低い部門――ウィリアム・ボーモルの言う「コスト病」の部門――である（Baumol 2012）。「コスト病」の部門の付加価値は高い。実際、現在、アメリカでの高収益部門は、ソフトウェアなどIT産業や流通、メディア、金融、保険などである。アメリカにおけるこうした業界の利益のシェアは、1999年の25％から2013年の35％にまで増加している。

サマーズとゴードンの議論を対比させて言えることは、第一に、両者とも投資停滞を問題にし、サマーズはそれを投資需要の不足の問題と捉え、ゴードンは投資がおこなわれたとしても収益性が期待できないという、かなり長期の生産性上昇率の低迷を問題としている。第二に両者は、その投資停滞が投資需要に対する政策的刺激によって克服しうるかどうかという点でも意見が異なる。サマーズはそれが可能と見るが、ゴードンはそうではない。第三に、サマーズもゴードンも共通して、消費需要の戦略的な役割をほとんど考慮していない。この第三の点については後述する。その前に、実体経済の長期停滞を認めない主張についても見ておきたい。

オーストリア学派の信用供給過剰論

以上の2つの類型論が、多かれ少なかれ実体経済に停滞の根拠を求めているのに対し、オーストリア学派やマネタリストの多くは、不均衡の原因は市場の不完全さにあるのではなく、あくまで過剰な信用供給の産物であり、それは不必要な政府介入によってもたらされた政策的な結果と考えている。彼らにとって連邦政府やＦＲＢはいわば医師ではなく、むしろ患者である。市場は健康そのものであり、その需要サイドにも供給サイドにも問題はない。市場を調整する利子率や賃金が、市場外部の作用によって歪められたために、不均衡が生じているというのが彼らの主張である。こうした見解は、冒頭で見た楽観論者の見方と根っこで結びついている。

アメリカの保守派のシンクタンクであるミーゼス研究所のロバート・マーフィは、産業再編（彼らは「資本構造」capital structure の転換と言う）のために起こる一時的、摩擦的失業の存在は認めるが、長期の低迷を生み出すような市場の不完全性についてはこれを否定する。彼によれば、経済危機は政府・中央銀行の不必要な経済介入、恣意《しい》的な低金利政策の結果によるものである。政府の介入の結果、企業債務が拡大し、資産価格が実態から大きく乖離《かいり》したために、２００８年の金融危機が生まれたとする（Murphy 2011）。

こうしたオーストリア学派の主張があまり支持を集めないのは、それが２００８年の金融危機のケースにはある程度当てはまるように見えても、20世紀後半以降、先進諸国が共通に抱える経済成長と投資の低迷という、より遍在的で大きな変化を説明できないためである。実際の経済危機は多くの場合、金融的なショックがトリガーとなって発生し、それが実体経済の不均衡と相互的に結びついている。長期停滞はアメリカに限った現象ではなく、成長率の低下傾向は先進諸国に共通して見られ、その根底には、企業収益性の低迷、投資と設備稼働率の長期的な低下、労働分配率の低下と実質賃金の低下ないし低迷がある。政策論的な視点では、それらを十分には説明できない。金融緩和、金融規制緩和はあくまで、成長率と企業収益性の低下に対する政策的対応であり、したがってその結果生じた信用膨張は、原因ではなく結果と言うべきである。*2

停滞否定論

長期停滞の現象そのものを否定する見解も存在する。その一つは、金融危機以降の景気回復は堅調であり、停滞を過度に強調する必要はないとするものである。すなわちこうした論者は、純投資の低迷はイノベーションの加速による資本減価償却部分の増大によるので、何ら問題はないのであり、むしろ問題は政府の政策に対する信認の低下（regime uncertainty）であるといった主張を展開する（Hanke 2016）。この議論もまた、長期の経済成長率の低下傾向がいずれの先進諸国にも共通して見られるという事情を説明していない。セントルイス連銀が発表している、政府に対する信頼感を示す指数（Economic Policy Uncertainty Index）があるが、それは政治状況に応じて50から300程度の間で常に変動しており、経済成長の長期低迷をこれによって説明することはできない。

長期停滞を否定、もしくは重視しない見方を支えるもう一つの根拠は、今後の技術革新に対する期待である。マサチューセッツ工科大学のダロン・アセモグルらは、長期停滞の一因と見られる人口の高齢化、およびそれに伴う過剰貯蓄と労働参加率の低下について、1990年代以降のデータで高齢化と一人当たりGDP成長率の低下に相関関係が見られず、むしろ高齢化に伴い労働節約的技術の導入が積極的に進められているという強気の見方を示している（Acemoglu and Restrepo 2017）。また国際金融の専門家バリー・アイケングリーンは、現在までの金利の低下が投資の低迷によるものであることを認めつつも、今後、技術の応用範囲が拡大すれば生産性が回復し、グローバルな貯蓄過剰が縮小することによって金利は上昇する可能性があると述べている（Eichengreen 2015）。こうした技術革新の可能性を重視する見解については、議論の手順から後にふれることにする。

2　論争の整理——エクハルト・ハインの研究

以上、長期停滞の理論を需要サイドと供給サイド、オーストリア学派の理論、停滞否定論というように区分して見てきた。論争を総括するうえで、ドイツの経済学者エクハルト・ハインの研究が有益であると思われる（Hein 2016）。ハインは、長期停滞論について需要サイドと供給サイド、さらに政府の政策的弊害の三者を俎上《そじょう》に載せる包括的な視点を与えている。カレツキ＝シュタインドルの理論的系譜を継承するハインは、独占セクターを中心に投資抑制と収益性確保が起こり、投資需要と消費需要の両方の面から長期停滞が発生するという議論をモチーフに、主流派経済学の議論に挑んでいる。彼の主張は次の3つにまとめることができる。[*3]

供給サイド——寡占的投資抑制

第一に、貯蓄と投資をバランスさせる均衡利子率などというものはそもそも存在しないとハインは言う。つまり、サマーズら主流派の大前提そのものを否定している。ハインはシュタインドルを援用して次のように述べている。

「シュタインドルの研究は、現在の長期停滞の論争を直接扱ったものではない。（しかし）それは原理的に、貯蓄と投資を完全雇用水準で均衡させるところの均衡実質利子率という疑わしい概念に依拠したものではない。むしろそれは、資本主義経済が長期的に総需要の面からの制約を抱えたものであるとともに、貯蓄が投資に適応する過程もまた長期であるとの見方に立ったものである」（Hein 2016, p. 13）

ハインによれば、投資は貯蓄とは独立に決まり、「貯蓄という尻尾が投資という犬を振り回すのではなく、犬が尻尾を振り回す」（ジェイムス・ミード）。しかしその投資自体は、企業が需要の変動を考慮しつつおこなうものにほかならない。それに対し金融市場は、貨幣と信用を「無から」創造し、その投資を支えるのである。市場が独占ないしは寡占状態にあり、支配的企業が価格決定力をもっている場合に、企業は投資、産出量、設備稼働率を調整する。長期的に需要が低迷していると判断した場合、独占企業は収益性確保のためにそれらを引き下げようとする。ハインはこの理解をもとに、独占的投資停滞が低金利と低投資の基礎にあるとし、長期停滞の根拠を企業行動に帰着させたのである。この意味でハインの見解は、需要サイドと供給サイドを折衷《せっちゅう》しているのではなく、企業投資、すなわち供給サイドの制約の規定要因を特定しようとしたものと言ってよい。

サマーズらは、均衡利子率がゼロ近傍《きんぼう》もしくはそれ以下であることの理由を貯蓄過剰と投資不足と捉えるのみで、なぜ過剰な貯蓄が投資に向かわないかを説明していない。それに対して、ハインは大企業の投資行動そのものが貯蓄の投資への転化を阻害する要因となっており、さらに投資需要の不足の背景に供給サイドの寡占体制の存在があると考えている。またそうした経済の基底部分における停滞の構図を無視して低金利政策を続けてきたことが、政府の金融政策の失敗の根源にあり、企業の独占的行動様式を規制することなく財政的な投資刺激をおこなってもその効果は限定的であろうことをも示唆している。

独占批判の再活性化

ではそもそも、こうした寡占体制を想定できる現実が、現在のアメリカ経済に見られるであろうか。独占あるいは寡占、経済集中という言葉は、経済学の専門家の間でも一般メディアでも、ほとんど死語となっていた。[*4] ところがアマゾンやウォルマートなど小売業、フェイスブック、グーグル、ツイッターなどハイテク企業の市場シェアの急増などを直接的なきっかけに、この10数年間に状況に変化が現れてきた。この問題について、２００９年にジャーナリストのバリー・リンが *Cornered: The New Monopoly Capitalism and the Economics of Destruction* (Linn 2009) という本を発表し、さらにその後、『マンスリー・レビュー』誌のジョン・B・フォスターらが優れた研究を発表している (Foster, McChesney and Jonna 2011)。

フォスターらによれば、アメリカでは近年、産業の集中化傾向が顕著になりはじめた。製造業

図表2-4　アメリカの製造業における上位集中（1947-2007年）：最大5社が出荷価格の50%以上を占める産業の数と製造業全体に占める割合

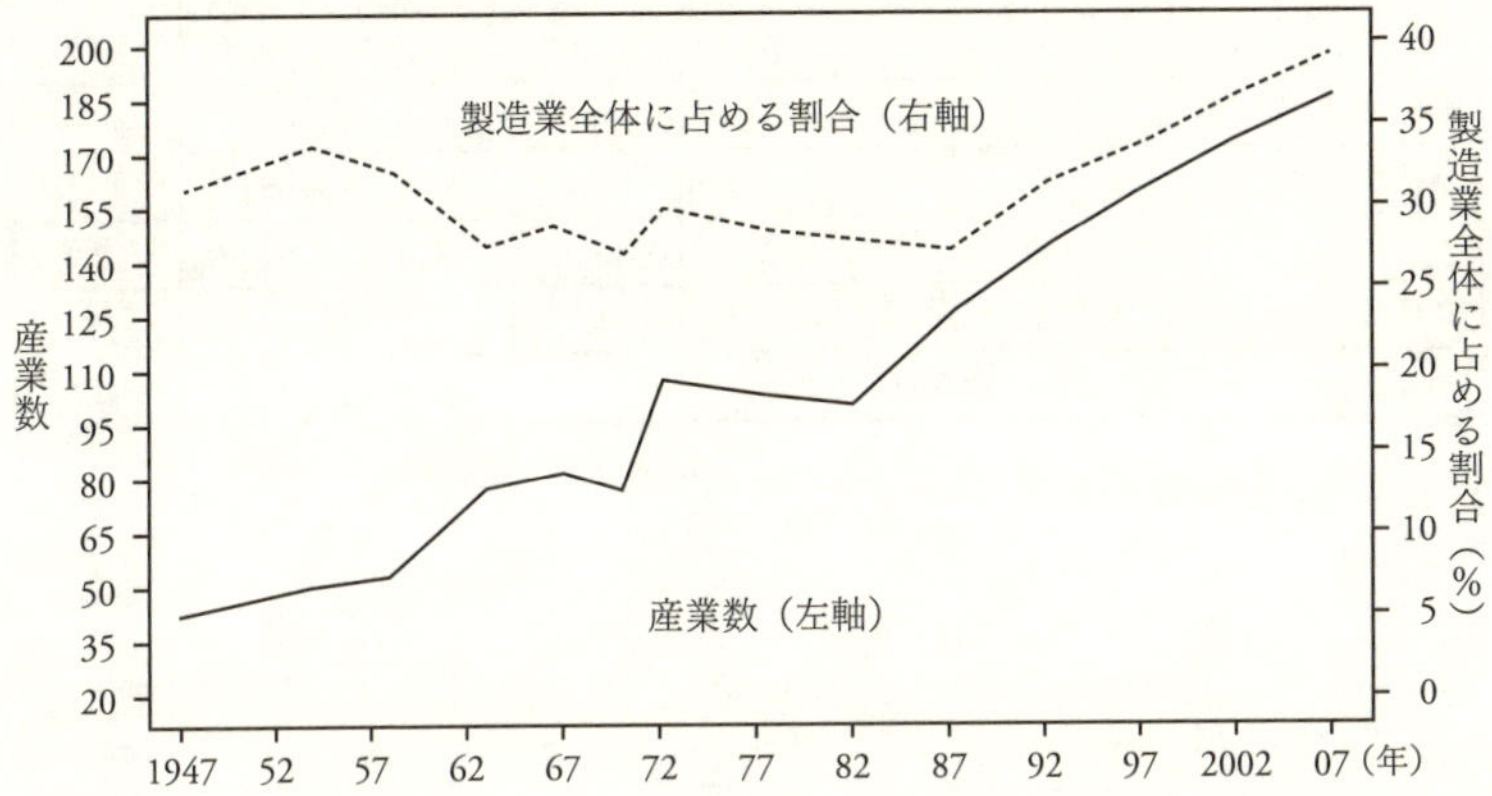

（出典）Foster, John Bellamy, Robert W. McChesney and R. Jamil Jonna (2011) Monopoly and Competition in Twenty-First Century Capitalism, *Monthly Review*, April.

では、最上位4社が出荷価格の50%以上を占める業種の数と割合が、1980年代以降劇的に上昇している（図表2-4）。小売業ではウォルマートを中心とする4社独占の割合は47・3%から73・2%へと上昇した。書籍販売では41・3%から71・0%、コンピュータ・ソフトウェアでは26・2%から73・1%となった（図表2-5）。

さらに、複数の産業にまたがる寡占的支配の状況を見るために、売上高に占める上位200社のシェアを見ると、その割合は1950年には21%であったものが、2008年には30%となっている。上位200社の営業利潤は同時期に13%から30%へと増加している。売上、営業利潤ともに、上位集中度は確実に上昇している。

2016年、『エコノミスト』誌は、アメリカの「棺桶からクレジットカードまで」の

図表２−５　小売業の上位集中度：上位４社の売上げに占めるシェア(%)

産業（NAICS code）	1992年	1997年	2002年	2007年
食品・飲料（445）	15.4	18.3	28.2	27.7
医療および関連製品（446）	24.7	39.1	45.7	54.4
小売り（452）	47.3	55.9	65.6	73.2
スーパー・量販店（44,511）	18.0	20.8	32.5	32.0
書籍（451,211）	41.3	54.1	65.6	71
コンピュータ・ソフトウェア販売（443,120）	26.2	34.9	52.5	73.1

（出典）Foster *et al.*（2011）.

893業種について、その上位4社の収益のシェアとその変化を詳細に明らかにした。それによると、1997年から2012年までの間に3分の2の業種が集中度を強め、各業種の売上に占める上位4社のシェアは、加重平均で6％から32％へと上昇した。特に顕著な例として、医薬品販売ではウォルグリーン、CVS、ライト・エイドの大手薬局チェーンが全体の99％を、精肉市場では上位4社が85％を、航空業界では上位4社が80％を占めていたことが挙げられている（*The Economist*, March 24, 2016）。

また2017年末に『フィナンシャル・タイムズ』紙は、世界の企業買収（M＆A）の取引額が2017年までの4年間、毎年3兆ドルを超え、その勢いは翌年も続くであろうとし、なかでもアメリカは最大の市場で、この年は全体の約半分が北米での取引であったとしている（*Financial Times*, December 28, 2017）。同紙は、レーガン政権期から現在までのアメリカでの企業買収取引の金額を図表2−6のようにまとめている。これによると、取引のピークは90年代後半にあり、それ以降も活発な取引が続いていることがわかる。企業の集中傾向がこうした過程を通じ

図表2－6　アメリカの企業買収市場の規模（1982–2017年）

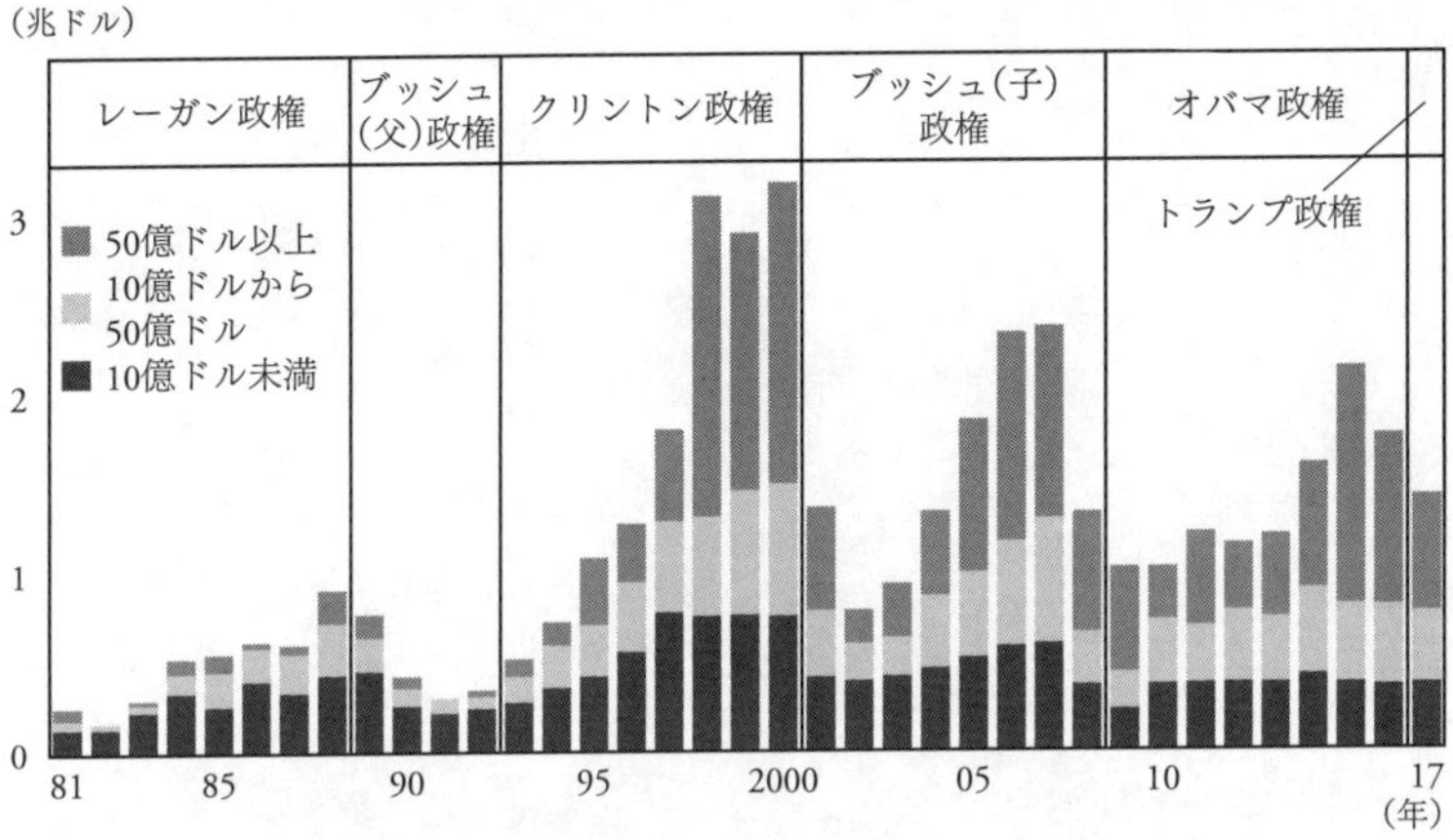

（出典）*Financial Times*, December 28, 2017.

て強まったことがうかがえ、その分析はフォスターらの結論と一致する。

今日の産業集中について留意すべきは、それが第一に、航空業界や航空宇宙産業、軍需産業、製薬産業のように高い料金や価格を設定するタイプの集中と並んで、小売りのように「買い手独占」（monopsony）、「需要独占」（demand monopoly）の形態をとり、価格をむしろ抑えることで利益を上げるタイプのものも目立つということである。ある調査によれば、企業買収の結果、企業が製品価格を引き上げたケースは約60％であり、値上げ幅は約9％であった。医療機関では、競合する機関がない場合は、それが3つ以上ある場合に比べ、料金が15％ほど高かった（Edelman 2017）。逆に言えば、その他のケースでは、価格が不変もしくは低下した。

第二に、集中する部門が、20世紀前半のアメリカの巨大企業で見られたような高賃金を必ずしも伴わないということである。小売りなどのセクターの大企業は、むしろ低賃金と雇用の流動化を基礎に経済力を強める傾向にある。つまり、同じ独占でも21世紀のそれは「組合賃金なしの独占」で、20世紀とではこの点が大きく異なる。*5

こうした産業集中の進展は、アメリカにおける純投資と設備稼働率の長期的な低迷と無関係とは言えない。現在、アメリカの雇用の多くを生み出しているのは中小企業であり、独占的な企業ではない。独占的な企業は、状況に応じて価格を釣り上げたり引き下げたりしながら収益を最大化し、労働条件を可能なかぎり引き下げようとする。産業集中に関するこれらのデータや指摘は、カレツキ＝シュタインドル型の寡占的投資抑制の企業行動様式が経済に強く作用しているとするハインの主張を強めるものである。*6

需要サイド――消費の戦略的重要性

第二に、ハインは、多くの論者が潜在成長率を総需要と独立に決定されるものと考えている点を問題視する。ハインによれば、総需要が成長率に及ぼす規定的役割が重要であり、とりわけ、寡占状態が強い産業においては、独占企業の収益性確保を目的とした賃金の抑制、投資抑制と設備稼働率の引き下げおよび金融危機後の企業の負債削減が、投資需要の減退を生んでいる。このように考えれば、マクロ経済が内発的に成長経路に回帰しない理由が、企業の投資抑制によって説明され、消費需要の低迷は、賃金をできるかぎり抑え込もうとする企業の分配政策によって説明可能となる。つまり、企業収益の成長とマクロ経済の成長とは必ずしも一致するものではなく、企業の独占的行動様式が強まれば両者は乖離し、企業行動が有効需要を抑制し経済停滞をもたらすということである。後述するように、この10数年間、所得分配とマクロ経済成長との関連を実証的に取り上げた文献が多く現れ、その多くは所得分配の不平等がマクロ成長を抑制する傾向にあるとしている。これらは需要サイドの問題についてのハインの主張と符合するものが多い。

投資需要の減少の面については、サマーズが言うように、イノベーションによる資本財価格の相対的低下が必要投資量を減少させたことによるところもある。またそれは労働需要をも押し下げている。たとえば、フェイスブック社は２０１４年にインスタントメッセージング・ソフトの企業ワッツアップ社を１９０億ドルで買収したが、ワッツアップ社がその設立時点に要した資金は25万ドルであり、買収時の従業員はわずか55人であった。

より少ない資本と労働で経済的需要を満たすことができるというのは、社会的に見て生産力が充足していることを意味する。しかしその潜在的な経済力の高まりが雇用を抑え、需要面から経済成長を抑制する結果をもたらす。投資需要は、賃金節約の経路と合流して、需要サイドに慢性的な収縮効果を及ぼしていると言える。*7 経済学は、一方で需要サイドを短期の成長に、他方で供給サイドを長期の成長に結びつけてやり過ごし、あまりにもそうした考えに慣らされてきた。しかしこうした現代のセイ法則は再検討される必要がある。

サマーズが長期停滞の基礎に需要サイドの問題があると言う場合、それは投資需要について述べているにすぎないということを見逃してはならない。今日のマクロ経済の問題を考えるうえでは、消費需要の戦略的位置が考慮されねばならない。ハインは、潜在成長率の低下を問題視する各国の政策担当者が、しばしば政策の消費需要に及ぼす抑制効果を考慮せず、労働規制緩和や独占禁止法緩和など、労働者あるいは消費者の利益を侵害し消費需要を抑制する方策を、潜在成長率を高めるものとして実施しているとも指摘している。

政府の失敗――金融政策

第三に、ハインは、長期停滞が議論されるほとんどの場合、制度的あるいは社会階級的な権力関係が無視されていると述べている。ハインが言わんとするのは、1980年代以降の新自由主義の台頭、経済格差の拡大によって、資本主義経済の権力構造が金融中心に大きく変化したということである（the rise of finance-dominated capitalism）。それに伴い経済政策は、新自由主義的なものへと大きく変容した。実質賃金の安定的成長を基礎にしたそれまでの成長体制が終焉を遂げ、財政状態の悪化にもかかわらず租税は引き下げられ、社会的支出の伸びが抑制された。また、2008年の経済危機に至る過程において、政府は金融規制緩和によりデリバティブなどを規制対象外とする一方、低金利によってバブルを放置し、政府の住宅政策による無謀な貸付の横行を許した。

こうした政策モードの大きな転換、すなわち大部分の一般国民にとっては緊縮政策、企業にとっては金融・財政問わず徹底した緩和強化という二重化した政策レジームへの移行は、戦後の高雇用と社会保障の補完関係に基づく体制を脇に押しやり、長期的な内需主導の成長構造の基盤を大きく損なった。*8

この面から見れば、経済危機に至る政府の政策について、オーストリア学派が唱える批判には一面の真実がある。彼らが言うように、金融危機に先立つ政府の低金利政策が、供給と需要の両面で裏づけを持たず、将来需要の前倒しにすぎず、金融危機発生後については、腐敗した巨大金融機関を手放しに救済したことは、政策的に明らかに誤りであった。*[9]

とはいえ、オーストリア学派の理解は、市場そのものの完全性を前提とする立場から発したものであることはすでに見た通りである。長期不況の構造的な要因は、需要サイドか供給サイドかのどちらかという単純なものでなく、両方が結びついている。したがって、オーストリア学派が思い描くように、金融政策を是正し、不必要に膨張した企業債務を削減すれば消費と投資は回復すると考えることにも合理性がない。

3　賃金主導モデルによる経済停滞の打破

所得格差の是正が経済を再活性化する

長期停滞の構図が前節のようであるとすれば、需要サイドでの賃金あるいは所得保障の拡大、所得格差の是正による消費需要のビッグプッシュによって、経済成長率をある程度引き上げることは可能であろう。それなしには、供給サイドを刺激する政府の政策も、公的債務を拡大するのみで効果は薄い。*[10]

こうした主張を裏づけるものとして、近年、経済格差が成長を抑制することを示した実証研究が多く現れている。ＯＥＣＤの研究者フェデリコ・シンガノは、経済格差が低所得層の消費や人的資本投資を抑えているとし、特に現在のアメリカで進行している上位集中型の格差拡大は、消費性向の低い富裕層に比べて消費性向の高い大多数の国民の消費需要を削減することによって、経済成長を阻害していると指摘している（Cingano 2014）。また、サラ・アンダーソンは、アメリカの所得乗数を推計し、アメリカの貧困世帯である勤労所得税額控除対象者の所得乗数（所得一単位の消費への波及効果を示す指数）が１・21であるのに対し、最上位１％のそれは０・39ときわめて小さいとしている（Anderson 2014）。これらの推計結果はいずれも、所得格差が個人や企業のインセンティブとなって経済を活性化させるという経済学の因習的な考え方を否定している。少なくともこの数十年間、経済格差は経済成長を抑制する作用をもったと言える。

また、エラ・ダブラノリスらＩＭＦの研究者は、アメリカの所得格差と成長率の関連について、上位20％の所得シェアが１％増加した場合、その後５年間のＧＤＰ成長率は０・08％ポイント低くなり、下位20％の所得シェアが同じく１％増加した場合に成長率は０・38％ポイント上昇するとした（Dabla-Norris *et al.* 2015, p. 7）。

長期停滞へのオルタナティブ――賃金主導モデルの意義と限界

さらにこの点に関連して、ヨーロッパのポストケインズ派、リベラル派の経済学者は、経済成長の回復のために、大幅な所得分配の改革による賃金主導の成長の復活を提唱している。イギリスの経済学者エンゲルバート・ストックハンマーや、カナダの経済学者マルク・ラヴォワ、イギリスのエズレム・オナランらは、賃金の大幅な引き上げは総需要の停滞を払拭し、経済を再活性化すると主張している（Stockhammer 2015: Lavoie 2016: Onaran 2014: Onaran and Galanis 2014: Onaran and Obst 2016）。

オナランの議論を見てみよう（Onaran 2014）。経済成長のパターンには、よく言われるように「賃金主導型」「利潤主導型」という区別がある。国民所得に占める賃金と利潤のシェア（要素シェア）の変化は、消費、投資、純輸出の構成の変化を通じて、経済全体に影響を与える。賃金シェアの上昇が経済成長率を引き上げる場合にはその経済は「賃金主導型」、逆に利潤シェアの上昇が経済成長率を引き上げる場合には「利潤主導型」である。彼女はその違いに着目し、要素シェアの変化が消費性向、投資性向、貿易へそれぞれどのように影響を及ぼすかを調べ、さらに貿易部門を通じた諸外国間の効果を推計した。主な結論は次の通りである。

●1960年以降のデータで見ると、ユーロ12カ国、イギリス、アメリカ、日本、トルコ、韓国は賃金主導モデルであり、カナダ、オーストラリア、中国、南アフリカ、メキシコ、アルゼンチン、インド、さらにユーロ圏でもオランダやオーストリアは利潤主導モデルである。この違いは主として海外部門の比重による。海外部門の比重が大きい国は、賃金の上昇が輸出に大きく影響するため利潤主導となり、逆に海外部門が小さい国は賃金主導となる傾向がある。ドイツとフランスは貿易部門の割合が比較的大きいが、純輸出の比重が大きいため、どちらかと言えば賃金主導である。

●要素シェアの変化は、一国のみで起こった場合と、貿易相手国と同時に起こった場合とでは、効果が異なる。一国のみで賃金シェアが上昇した場合には、賃金の上昇が輸出に不利に働き、その国の貿易収支を悪化させる可能性がある。

●貿易関連国が同時に要素シェアを変化させると仮定した場合、1％の賃金シェアの上昇が及ぼす経済拡大の効果は、ユーロ12カ国0・25％、イギリス0・2％、アメリカ0・92％、日本0・18％、中国マイナス1・1％、G20全体では0・36％と推計される。[*11]

この結果に従って、日本とアメリカの賃金シェアをたとえば1980年代の水準に戻すとどうなるであろうか。日本は9・6％ポイント、アメリカは3・8％ポイントそれぞれ引き上げることになり、これにその拡大効果をかけ合わせると、日本とアメリカは現在の成長率にそれぞれ1・72％ポイント、3・5％ポイント上積みが可能となる。先ほどの経済格差の是正効果と併せて考えれば、大半の先進国において所得分配の改善だけで大きな経済効果が得られることがわかるが、逆に言えばこのことは、多年にわたる各国の緊縮政策による賃金抑制が、いかに経済成長を抑制しているかを物語るものと言ってよいであろう。[*12] ポストケインズ派の主張は、今日のEUの緊縮政策に対する批判として展開されている。

賃上げと所得増のためには労働生産性を引き上げることがまず先であるという主張が、しばしば経済の専門家によってくり返される。しかし生産性の上昇は、必ずしも付加価値の拡大をもたらさず、むしろ物価の下落に吸収される場合があり、この間の賃金抑制が生産性上昇率の回復を妨げているのはこのケースと言える。第1節の最後の部分で、技術革新による生産性の増大が停滞克服につながる可能性があるとのアセモグルやアイケングリーンらの見方を取り上げたが、そうした可能性が現実のものとなるためには、所得分配の大幅な是正や実質賃金の上昇による消費需要の拡大が前提として必要なのである。したがってアセモグルやアイケングリーンらの楽観論の当否は、むしろ今後の賃金と分配政策のあり方如何《いかん》にかかっていると考えるべきである。

ゴードンについて付言すると、すでに見たように彼は、19世紀末以来の第二次産業革命の効果による大幅な付加価値の形成が、もはや限界に達しているとみなした。しかし20世紀の高成長は、20世紀初頭から欧米の労働者の実質賃金が上昇したことを基礎としたものでもあった。今日見られる供給サイドの制約は、単に技術革新の限界ではなく、所得分配の劣化の結果でもある。したがって「有効需要によって決定される価格」（カレツキ）を所得分配の改善によって引き上げ、経済に適切な収益性を回復させる可能性を、われわれは否定しきることはできない。所得分配の改善、あるいは所得保障をどのように実現するかについては、第7章で議論したい。

しかし同時に、こうした賃金主導モデルが限界をもつものであることは、前章までの分析からも明らかであろう。賃金を80年代初頭の水準に戻すとしても、それだけでは下位所得層に対する経済的排除の構図は是正しえない。賃金主導モデルを主張するリベラル派も、80年代に当時の経済成長の構図や水準を称賛していたわけではないであろう。第1章との関連で述べれば、ニューディール型資本主義の歪みはそのままだからである。つまり、こうしたリベラル派の政策的共通項は、今日の経済停滞の症状をある程度緩和する対症療法の効果をもつが、病気の根本治療ではないということも、併せて理解しておかねばならない。ではこの政策的限界を乗り越える術はあるだろうか。この点を次章で考えてみたい。

註

〈＊1〉ポール・クルーグマンも同様に需要サイドの議論を展開しているが、クルーグマンの場合には、不況の原因は政府による財政削減、貨幣退蔵による需要低迷、アニマルスピリッツ（投資意欲）の欠如にあり、したがって対策としては通貨供給量の拡大による投資・消費の刺激という金融政策が重要だとしている。この点で財政政策の重要性を強調するサマーズと異なる。

〈＊2〉金融市場の脆弱性が実体経済に波及したものが危機であるという見解は、ポストケインズ派にも見られる。金融危機が実体経済の抱える経済格差（消費抑制）に波及したと捉えるエンゲルバート・ストックハンマー、危機の根源に過剰な信用と民間債務があるとするスティーブ・キーン、ウィリアム・ホワイトはこのタイプの主張と言える（White 2009）。債務膨張の弊害を強調する主張はマルクス派にも見られる。マイケル・ロバーツは利潤率低下が危機の根源であると見るオーソドックスなイギリスのマルクス派であるが、彼は、政府による企業セクターの救済の結果、国家的債務は限りなく膨張し、そのためバランスシートの調整に長い時間がかかり、景気浮揚が持ち越されたと主張している（Roberts 2016, p. 96）。ただしこれらの議論はいずれも、資本主義市場そのものの内在的な不均衡と金融政策との結びつきが念頭に置かれている。ロバーツが整理しているように、成長率の鈍化が高い債務の原因と考えれば、債務削減のために景気刺激策をとるべきというケインジアンの見解が生まれる。しかし債務が低成長の原因であり、ケインズ政策は民間債務を公的債務に転嫁するだけで十分な効果が期待できないと考えれば、景気回復の手段は債務の削減であるというオーストリア学派の見解が生まれる。マーフィがクルーグマンの流動性拡大による景気刺激策を批判するのはそのためである。長期停滞論をうまくサーヴェイしたものとして、瞥見の限りで次の２つがある。Roberts (2016): Despain (2015)。

〈＊3〉「ポストケインズ派」というのは新古典派経済学に対抗する代替的な学派であるが、明確な定義はない。一般的にケインズやマルクスの経済学のなかにある、セイ法則批判、不完全雇用のもとでの需要の役割を重視する特徴がある。マルクスの伝統を受け継ぐポーランドの経済学者ミハウ・カレツキや、オーストリアのヨゼフ・シュタインドルも、その源流と考えられている。

〈＊4〉Google BooksのNgram Viewerでは、文献で用いられる用語の頻度を検索することができる。これによると、Monopoly（独占）という用語が最も多く用いられたのは１９４９年であり、２００８年にはその3分の1、シャーマン反トラスト法以前の１８８０年代の頻度にまで低下している。

〈＊5〉産業集中を懸念する議論は、意外なことに主流派の重鎮エドマンド・フェルプスにも見られる。フェルプスは競争的な資本主義市場にノスタルジックな魅力を感じているが、オーストリア学派とは違って、イノベーションのダイナミズムを生み出す競争的関係を阻害する大企業体制の成長を批判し、その文脈でマルクス派のフォスターらの論文を引用している。フェルプスは今日の経済停滞の原因を制度的・文化的システムの劣化によるものとし、その基礎には大企業や銀行の官僚的体質、短期的利益の追求、投機があると嘆いている。「マネーや富に対して膨らんだ欲望が、１９７０年代初めにアメリカで確実に進行していた」（Phelps 2013, pp. 247-48）。フェルプスによれば、大企業が集中を強め、雇用のダイナミズムを失わせ、政府の社会保障支出が勤労意欲を減退させ、これらはすべてイノベーションに対する衝動を弱めた。

〈＊6〉ドナルド・トランプがアメリカの雇用低迷に対して自由貿易と移民に責任があるとし、ＮＡＦＴＡ（北米自由貿易協定）、ＴＰＰ（環太平洋パートナーシップ協定）を脱退し米墨国境に壁をつくるというデタラメな宣伝をおこなったのに対し、民主党は経済問題の代替的説明と処方箋を提示できなかったと批判されてきたが、その経済問題の根源を独占的な企業行動に求めるべきだという理解が民主党内でも広がりつつある。なかでもエリザヴェス・ウォーレン、チャック・シューマー、ナンシー・ペロシといった指導的な地位にある政治家が、経済集中の問題を政策の柱に据える努力を始めている（Edelman 2017）。最近では、オバマ政権期の最後の経済諮問委員会委員長を務めたジェイソン・ファーマンが、近年のアメリカにおける産業集中が生んでいるレント（不当な利益）の存在を指摘し、参入障壁の除去による独占規制、最低賃金の引き上げや労働者の交渉力の確保を主張して注目されている（Furman 2016）。

〈＊7〉オクスフォード大学のカール・ベネディクト・フレイらの研究では、アメリカで２０００年にはまだ存在していなかった産業に10年後の２０１０年に雇用されていた労働者の割合は０・５％にすぎなかった。つまり、その10年間の新規産業の雇用創出効果はきわめて小さかったというのである。これと関連して、フレイはベーシックインカムの必要性を強調している（Frey 2015）。

〈＊8〉アメリカにおける経済政策の重点が、増税による財政健全化ではなく歳出削減に置かれ、成長を抑制する可能性が高い緊縮政策がとられるのはなぜかについては、マサチューセッツ大学アマースト校のジェームス・クロッティの説明が興味深い。彼によれば、企業や富裕層が、財政健全化による利益よりも、社会民主主義的な政策を除去することによる長期的利益が上回ると考えるからであり、また彼らは所得減税、資本利得減税、相続税減税などが個人的にも自らの利益となると判断しているからである（Crotty 2012）。

〈＊9〉カーネギーメロン大学のアラン・メルツァーは、金融危機が発生した際に政府は不況の連鎖的波及を恐れＡＩＧの救済に乗り出したが、それは誤りであり、ＡＩＧを倒産させつつ、「最後の貸し手」として割引窓口を通じて健全な銀行への貸出を強化すべきであったと述べている（Meltzer 2012, p. 39）。デイヴィッド・グレーバーは『負債論』で、資本主義の支配構造にとって信用膨張と債務が果たす役割を強調している（Graeber 2011）。今日のアメリカの民間非金融法人および家計の債務状況については、Mauldin（2016）: Corkery and Cowley（2017）を参照。

〈＊10〉ハイン自身は次のような政策を提言している。①停滞とデフレをくい止め、投資と消費を促進するための内需重視のマクロ政策、②インフラ、技術革新、教育への公共投資、③完全雇用政策による賃金シェアの引き上げ、そのための労働者の交渉力の強化、④金融セクターの再規制、透明化、⑤累進税制の強化、再分配政策の強化、⑥国際通貨協調による過度な国際収支不均衡の是正、為替切り下げ競争の抑制などである。優れた政策対案であるが、これらには、寡占セクターの投資抑制による財とサービスの生産能力の潜在化、未実現というハイン自身の命題との関連が希薄であるように思える。

〈＊11〉オナランのモデルは賃金シェアの上昇（＝利潤シェアの低下）による投資抑制を大きく見積もり、その投資減少分を機械的にＧＤＰから差し引いているため、経済拡大効果が過小評価されがちになり、この点では控えめなモデルと言える。

〈＊12〉オランダの経済学者ストームとナステパッドは、賃金上昇は良好な労使関係の形成を通じて、労働コストの上昇を上回る労働生産性改善の効果をもたらすと見ている（Storm and Naastepad 2012）。

第3章　ポスト・ニューディール型経済システム

――新しい福祉社会の可能性

30年ほど前に、アメリカの制度派経済学者ダグラス・ノースは、第三世界諸国に見られる制度的枠組みの欠陥として、次のような逆インセンティブの集合を挙げた。

〔第三世界では、〕「生産活動よりも再分配活動を重視し、競争状態よりも独占をつくりだし、そして機会を拡張するよりも制限する活動が好まれる。それらは生産性を増大させる教育投資をほとんど促さない。こうした制度的枠組みにおいて発展する組織は、それ自体としてはより効率的になるが、しかしそれは社会をよりいっそう非生産的にし、基礎的な制度的構造をますます生産活動に役立たないものにする。そうした経路は、行為者の主観的モデルと相俟って、それらの国の政治的・経済的市場の取引費用が経済を効率化させるように働いていないがゆえに継続可能なのである」（North 1990, p. 9）。

皮肉なことに、この記述は現在のアメリカや日本の経済の自画像に近い。生産活動の抑制と

「機会の制限」が、今日の長期停滞下の資本主義経済の全体を非効率にしている。しかし真の皮肉は、アメリカや日本という世界で最も生産性の高い国でこうした現象が現れているということである。今日の主要資本主義諸国が抱える経済問題は、経済成長率や労働生産性の低水準それ自体にあるわけではない。それは、追加的投資が十分な付加価値を生まないほどに、経済に慢性的な過剰供給力が存在していることの現れにすぎない。根源的な問題は、その生産性を合理的な所得分配と結びつけることができないことにある。そのため企業は、低い収益性を補おうとしてむやみに労働報酬を切り下げ、そのことが広範な層を十分な消費と生活の基盤をもちえない状態に置き、長期不況が深化するという「合成の誤謬《ごびゅう》」に帰着する。つまり問題の根源は、投資と需要の低迷が相乗的に経済にブレーキをかけている、資本蓄積のあり方そのものにある。

この問題をどう促え、どう対処すべきか。本章ではこの点を考察してみたい。

1　民主的な代替経済戦略

リベラル派の政策的共通項——課税強化と所得再分配政策

マクロ経済全体として経済成長が足踏み状態にあることは、環境に対する負荷や都市の過密、スプロール化など、マイナスの外部経済（社会的影響）の発生を抑制しているという面では好ましいことではある。戦後成長の時代のような高い比率で経済が膨張することは、もはやありえないし、あってはならない。しかし、所得分配を平準化し、需要の構成を経済的底辺層の必要に合わせるよう調整し、供給面でそれに対応することは、必要であり、また可能である。

こうした所得分配の政策は、さしあたり労働報酬の直接的な引き上げや、社会保障給付の拡大など所得再分配政策の強化によっておこなうことができる。そのためには賃金政策や社会保障制度のかなりの改革が必要であり、そのための大企業や富裕層に対する課税の強化が必要である。こうした政策は、多くの国民が共通して支持する経済政策の柱となりうるし、リベラル派・左派が政策の柱とすべきものである。

しかしこうした政策は、前章の最後の部分で見たように、戦後経済の推移から見れば、数十年前の税率と消費水準に経済のバランスを戻そうとするものにすぎないため、質と量の両面で限界のある政策でもある。潜在的な経済成長率が低下した現在、こうした政策をおこなったとしても、政策の波及効果は数十年前よりも小さいであろう。また下位所得層の限界消費性向（増えた分の所得を消費にまわす割合）が高いことから生まれる需要拡大効果は、経済の停滞基調を部分的に緩和する程度で、さほどの波及効果は期待できないであろう。そして何よりも、既存の賃金や社会保障の制度的歪みをそのままに所得再分配政策を強化しても、それはそれら諸制度に内在する、下位所得層に対する経済的排除の性格を除去することにはならない。ニューディール型の賃金と社会保障の組み合わせを単純に復活させることには弊害が伴う。

これらの理由から、こうした政策の必要性と効果は認められるべきであるが、現状の所得分配の問題を根本的に変えるものではないという意味で、それらは過渡的な政策的共通項、最小限綱領とでも言うべきものである。

付加価値の高い成長分野を開拓することは不可欠か？

もう一つ、保守、リベラルを問わず、現在の日本の経済問題を議論する際に、今日の経済的閉塞状態を打開するためには、付加価値の高い成長分野を開拓しなければならないということが言われる。このことは代替的な民主的経済政策の柱となりえるであろうか。

たしかに、どの国にせよ、比較優位の分野があり、それを柱にした経済政策がとられることは当然であり、好ましいことである。また成長産業、成長企業が存在することによって、経済基盤が強くなることは確かである。しかし、競争力をもった企業が存在することが、国民の経済的厚生と結びつくかどうかは条件次第であるため、この主張には留保が必要である。

図表3―1は２０１５年の『フィナンシャル・タイムズ』紙による、時価総額で見たグローバル企業５００社の国別内訳である。世界的に見て競争力の高い企業は、時価総額も大きい。アメリカ系企業の力は突出しており、５００社のうちの4割、２０９社を占める。中国、イギリス、日本はそれぞれ30数社でその後を追うにすぎない。この数字から、多くの付加価値を生み出す企業がたくさん現れれば、その国は豊かになると判断できるであろうか。決してそうではない。それらの企業が所得を広く多くの人々に分配する仕組みや、所得再分配の政策的枠組みをもって初めて、その生産性はその企業の労働者、ひいては国民の生活の向上に結びつくのであって、そのような条件が満たされなければ、企業であれ産業であれ、強い競争力は役に立たない。むしろ北欧の福祉国家のように、有力な企業がわずかでも、平等な所得分配によって高い生活水準を築き上げることができる。第1章で見たように、技術革新が容易に付加価値を生み出しにくい状況へ

と経済の基盤が変化しているもとでは、そもそも企業の収益性の改善は難しい。ましてや企業が生産性を高めるために、労務費を削減し、長時間労働を押しつけることになれば、国民の生活にとってはマイナスである。日本やアメリカで実際に起こっている事態は、むしろそちらである。

付加価値の高い分野があることは分配政策を楽にするので、生産性を高めること自体を否定するわけでは無論ないが、分配面での手立てが前提としてなければ、経済的な意味はない。

図表３－１　フィナンシャル・タイムズ500社（2015年）

国	企業数	市場価格（単位：10億ドル）
アメリカ	209	15,672
中国	37	2,755
イギリス	32	1,999
日本	35	1,678
フランス	24	1,254
ドイツ	18	1,208
香港	18	1,123
スイス	11	1,103
カナダ	19	817
オーストラリア	10	612
インド	14	524
スペイン	7	434
スウェーデン	10	353
韓国	4	310
ブラジル	6	287
オランダ	7	281
イタリア	6	263
ベルギー	2	222
ロシア	5	198
デンマーク	3	185
台湾	2	164
サウジアラビア	4	155
シンガポール	4	146
南アフリカ	3	122
メキシコ	3	122
ノルウェー	3	113
インドネシア	3	79
イスラエル	1	60
フィンランド	2	56
カタール	1	37
タイ	1	28
アラブ首長国連邦	1	27

（出所）*Financial Times*, June 20, 2015.

分配のあり方を根本的に変えるためにも、第1章で見たニューディール型の賃金制度や社会保障制度の弊害を抜本的に改め、それらを下位所得層をも包摂する普遍主義的なものにつくり変えることが必要である。

新しい福祉社会の制度的基礎

普遍的とは、個別の利益が全体の利益と矛盾しないという意味である。つまり、ある個人、あるいは所得階層のグループにとっての制度の拡充と給付水準の引き上げによる利益が、より底辺層のグループにとってのそれにつながるような普遍主義的な賃金制度、社会保障制度をつくるということである。中間所得層の利益を守るために下位所得層を犠牲にする、正社員の待遇を維持するために非正規社員を犠牲にする、厚生年金の存続が国民年金や低年金で暮らす人々を置き去りにして進められるということが、これまでの普遍的性格の弱い賃金制度や社会保障制度のもとでなされてきたことであった。しかしこれからの福祉社会のあり方として、そうしたことが容認しがたいものであることは明らかである。国民のすべてを包摂するよう制度設計された普遍的あるいは普遍主義的な制度のもとでこそ、利他主義は社会的規範として機能しうる。

しかし、このような主張に対しては直ちに、様々な批判が予想される。普遍的な賃金・社会保障をつくることができたとしても、大規模な所得移転が、健全な企業活動を存続の危機に陥れるのではないか。悪平等の恐れはないか、等々。所得再分配によってトリクルダウンを制度化するだけでは、限界があることは明らかである。ここには、単に賃金や社会的給付の水準と配分方式の問題にとどまらない問題が付随する。この問いに答えることは容易ではないが、その答えは、社会的な生産の潜在力を、生活の必要に直結させることに求めうると考えられる。

2　社会的共同領域

「豊かさのなかの貧困」「過剰のなかの不足」

今日の長期停滞は、1930年代の大恐慌以上に、19世紀末の大不況に似ている。19世紀末、イギリスやフランスなどヨーロッパの資本主義諸国は、産業革命による生産性の上昇のもとで労働者への所得分配を抑えたため、需要不足に足をすくわれ、停滞を抱え込んだ。今日の各国政府の緊縮政策と企業の雇用政策も、技術革新がストレートにこの「過剰のなかの貧困」を増幅させるパターンを踏襲している。20世紀全体の経済成長の概観からも明らかな通り、資本主義システムは、生産性を上昇させることには優れているが、所得分配と消費を司《つかさど》ることについてはすこぶる不向きなシステムである。〈石炭が多く生産されすぎたため、炭鉱労働者が失業し、彼らの家庭にはストーブにくべる石炭がない〉といった古典的な不況の逸話が想起される。生産のプロセスは全く無駄のない方法で管理されているにもかかわらず、流通の最終段階では大量の廃棄物、環境破壊が生み出され、外部不経済を管理できない。

今日、残念ながら、「過剰のなかの貧困」という問題は、近年の社会学者、ラディカル派の経済学者たちの間で断片的に語られるだけで、本格的な研究はなされていない。イギリスの経済評論家、ポール・メイソンは、「ものが豊富にあるのに、危機が訪れるかもしれないということは、人類にとって初めての経験だ。ものがつくられても買ったり使ったりされないというのは、封建制度のもとや古代社会に暮らしていた人たちには、頭が変だと思われるだろう」と言う（Mason 2015, p. 51）。

技術革新のもとでの低成長とは、一つのパラドックスである。アメリカのジャーナリスト、ポール・ロバーツに言わせれば、効率性の追求が逆に繁栄を破壊する。

「企業があらゆる手を尽くして労働力を削減しているとき、いったい、どうやって雇用市場を改善するというのか。また、製品、サービス、感情的な状態など、生産されるものすべてが、それまでのものを次々に時代遅れにするようなときに、いったいどうやって本当に価値のあるものをつくれるのか。そのような果てしないアップグレードを前提とした経済や社会のもとでは、伝統や永続性、長期的なコミットメントといったかつて私たちが大切にしてきた考え方の居場所はどこにあるのか」（Roberts 2014, pp. 11-12）

経済は、大きな成長の時代の後に、生産性の高さゆえに長期的な停滞に陥り、自ら築き上げた高い生産性の真っ只中で、かくも多くの人々が、かくも不安定な生活環境に置かれ、貧困や経済格差の沼の淵にあえいでいる。先ほどのメイソンは、現在の技術革新の技術上の方向性は、社会上の方向性と食い違っていると述べている。「私たちは、技術上では、価格ゼロのモノや予測できない仕事、生産性の急激な上昇、物理的な生産過程での自動化拡大の方向に進んでいる。社会上では、独占と非効率の世界、金融が支配する自由市場の荒廃、『くだらない仕事』の急増から抜け出せなくなっている」（Mason 2015, p. 144）

また、この「過剰」という問題は、経済が同時に「不足」をつくりだすことによって隠され、曖昧なものとなる。こちらのほうの研究はもっと遅れている。*1 ロバーツによれば、私たちの経済は、スマートフォン、高画質のテレビや高度な延命治療法といった新たな欲望を際限なくつくりだし、それを満たす。しかし、長期的に社会が必要とするもの、たとえば安価な教育制度や住居、持続可能な社会保障制度、代替エネルギー、予防医療などを提供することは苦手である。そしてその根底には、市場の消費者心理への働きかけがある（Roberts 2014, p. 8）。

シュトレークも次のように記している。

「先進資本主義社会をずっと悩ませている問題の一つは、ある時点で市場が飽和し、消費支出の停滞・低下が起こることであり、ひいては賃金労働への意欲が消失してしまうことである。富裕な先進資本主義社会が経済成長を続けるためには、最低水準をはるかに上回る生活を送る大多数の消費者に対して、自分たちが新しい需要を発見し、したがって自分たちが貧困であると『心理的』に思い込ませることが必要不可欠である。このような消費傾向は今や現代資本主義の命運を握るに至った。しかし経済的行為をあくまで現実的・合理的・物質的に解釈しようとする標準的な経済学理論は、この事実を認めようとしない。したがって消費という経済的行為がいかに歴史的・社会的規範や想像力に基づくものであろうと、それは非歴史的・前社会的で外的な要因によって固定された『需要』に基づくものとみなされる」（Streeck 2016, p. 210）

「30年前に比べて格段に豊かになったにもかかわらず、なぜ現在の人々は当時より長時間かつ過酷な労働を強いられるのかといった問いは、あたかもタブーとされているかのように、全

く提起されることがない」(Streeck 2016, p. 211)

資本主義が既存のパターンで成長を続けるためには、ある程度の利潤をもたらす追加的な需要を必要とする。しかし成長の必要条件はそれだけではない。そうした新しい需要には購買力の裏づけがなくてはならないし、その購買力は新たな利潤の部分をも補塡できる規模でなければならない。企業の雇用吸収力の低下によって、新しい所得の創出はますます難しくなりつつある。人々の潜在的な欲望を有効需要に仕立て上げるに足る所得分配の方式を企業が生み出すことには無限の困難がつきまとう。資本主義経済は、数百年もの間、猛烈な技術革新を強めて今日に至った。経済の潜在的供給力は、人々が基本的に必要とするものを生産するための水準をはるかに超えている。そのもとでさらに生産性を高め、新しい欲望を掘り起こして付加価値生産の分野をつくりだすということには、自ずと限界がある。

しばしば経済学者の間では、賃金の上昇や社会保障財政の健全化のために、よりいっそう労働生産性を高めねばならないことが力説される。しかし、すでに述べた通り、今日の先進資本主義国の経済停滞の打開策は、既存の成長パターンを復活させることではなく、企業や経済全体の生産性を高めることでもない。生産性を追求すること自体を否定する必要はないが、ある国が生産性を高めても、その生産性が競争的に模倣されれば、付加価値は消滅する。ガンジーが言うように、「目には目をでは世界中が盲者であふれてしまう」。

そうではなく、個々人に最低限必要な生活基本財が行き渡ることを保障するための、市場から切り離された「社会的共同領域」をつくり、投入と産出を最小限にとどめる経済システム、そのための所得保障への移行が必要である。まともな分配のシステムがなければ、いかに生産性を向上させても、庶民に恩恵はまわってこない。このことは、とりわけこれまで経済成長の恩恵を受けず、現在、不安定な就労をあてがわれている低所得層を直接救済するという意味において、緊急に必要である。経済の恩恵が全体に行き渡る分配システムなくしては、ポピュリズムの根を断つこともできない。

ポスト・ニューディール型経済システム

以上のことから、私は、これからの経済政策と経済活動の力点を、個々人の生活の基本的必要を満たす領域をつくり、現在までに培《つちか》われた潜在的生産力をそれと結びつけることに置くべきではないかと考える。

しばしば参照される議論であるが、アリストテレスの『政治学』には、経済のこの普遍的な問題についてヒントとなる原理的な考察がある。アリストテレスは、奴隷制ギリシャにおける経済的な歪みを富の不平等と捉え、蓄財と所有の問題を取り上げている。

アリストテレスによれば、財の使用には2通りあり、一つはそれ自体の利用を目的とするもので、もう一つは蓄財を目的としたものである。前者は家庭のなかでつくり、使用するといった場合だけでなく、共同体内部で、たとえばぶどう酒を穀物と交換するといったやり取りを通じて相互に融通されるような場合も含まれる。しかしそれはあくまで、自然に基づいた自足性を満たすためにおこなわれる交換である。

それに対して、蓄財のための交換は、際限なき富と財産の獲得を目的とし、しかもそれは貨幣が導入されることによって広がった。この蓄財のための交換こそが不平等の原因であると、アリストテレスは考えた（Aristotle 1946, pp. 22-27）*2。

では、こうした不平等に対するアリストテレスの政策的な答えとはどういうものであったか。彼は、それを土地や財産の私的所有（一部は公有）を基礎としつつも、その生産物の一部の使用を共同で、つまり社会的におこなうことだと考えた。彼は次のように書いている。

「財産は一般的に、また主には私的であるが、ある点（つまりその利用について）は共同であることが理想である。個々人がそれぞれの利害領域をもてば争う理由はなくなり、各自が自らの持ち分に専念するから利益は増進する。そしてそのような枠組みにおいても、道徳的な良識によって個々の財産がみんなの利用に供《きょう》されることとなり、諺《ことわざ》にある通り『友のものはみなのもの』となるだろう」（Aristotle 1946, p. 49）

「各人が蓄えた財産」、つまり社会の生産物の一部はみんなのものであり、共同で使用される。このアイデアは、すでに所得再分配の様々な政策によって、今日の社会で部分的に実現しているから、われわれにとって必ずしも馴染みのないものではない。無料の初等中等教育、予防接種、公園、公営プールといった公共施設などがそうである。アリストテレスのなかでは、生産物の共同使用は、蓄財目的の交換を抑制することと結びついている。市場制度に共同の領域をつくりだすことが、経済に一定の限度を付与することになると考えたのである。

現代的な状況を考えてみると、共同的所有関係が資本主義の内部で地歩をもちにくいことは確かである。生産協同組合、消費組合などは、利潤原理に基づく企業形態よりも生産性に劣る傾向があるからである。労働者管理によって搾取率を抑えていては、市場競争的な価格で財やサービスを供給することはできない。技術革新のインセンティブという面でも、それらは私企業に太刀打ちできないかもしれない。

しかし、公的医療、公教育、公共交通、公的ケア（介護・育児）、自給的農業など、生活に必要な基本的な財やサービスを、普遍的に底辺層をも包含《ほうがん》するように給付し使用することは、基礎的生活財とサービスを市場から切り離すことによって実現可能である。そうした「社会的共同領域」は、資本主義経済内部に生息領域を確保することが十分に可能であり、現におこなわれている。第7章以降で見るベーシックインカムによって、賃金の一部を社会化できれば、そうした領域を押し広げることができる。ベーシックインカムは、ある意味では社会化された賃金であり、別の面では社会保障給付である。ベーシックインカムは、人々に経済的な自由度を与えることによって、市場と「共同領域」の分離を促進する。

経済の基礎的生活に関わる部分を意識的に市場から切り離すことは、資本蓄積の圧力を緩和することにもつながる。またそのことを基礎に、資本蓄財＝経済成長のペースを落とすことによって、地球温暖化や海洋汚染など、環境制約からくる問題の解決にも資することができるであろう。経済成長の減速と、経済を持続可能なあり方に近づけることもまた、緊急性を帯びつつある。[*3]

シュトレークは消費および消費者の需要（というより欲望）の進化に焦点を当てるアプローチが有望であると述べ、次のように言う。「拡大した資本主義市場に合わせて民主主義の規模を拡大させるというドン・キホーテ的な時代遅れのやり方を進めるのではなく、むしろ反対に民主政府の規模に合わせて資本主義市場の規模を縮小する方向で事態を進めていくことである。（中略）言いかえれば資本主義の脱グローバル化を進めることである。その解決策は単純であるが、困難でもある。それは途方もなく壮大な構想であり、成功する保証もなければ、実現のためのかなりの費用がかかることは否定できない」（Streeck 2016, pp. 198-99）。メイソンも「共同の使用」の経済的可能性について、「その新しい種類の経済とは、協力し合って共同で使用するために、できるかぎり無料でつくり、不平等の流れを逆転させるというものだ」と指摘している（Mason 2015, p. 212）。

アリストテレスの言う「必要のための消費」の領域を広げ、ノースの言う組織の効率性を経済の効率性に従属させること、さらに経済成長の質と量を地球環境の持続性に従属させること、これらが必要である。

註

〈＊1〉この点について本田（2016）の第4章を参照されたい。

〈＊2〉カール・ポランニーは、彼の『大転換』のなかで、このアリストテレスの「利用のための生産」と「利益のための生産」の区別を、「社会科学の領域でこれまでになされたおそらく最も予言的な示唆であった」と述べている（Polanyi 2001［1944］p, 53)。

〈＊3〉日本でもこのような主張が見られる。たとえば広井良典は次のように主張している。「福祉国家が基本的な前提としていた〝限りない需要拡大と経済成長〟という姿が、資源・環境制約の顕在化という『外的限界』と、モノがあふれる社会となる中での需要の飽和という『内的限界』に直面する中で、維持できなくなった。こうして、少なくとも従来型の（経済成長と一体となった）福祉国家を超えた新たな社会モデルの構想が不可避となっている」（広井２０１６、３０３ページ）

第Ⅱ部　日本経済とベーシックインカム

第4章　日本の長期停滞と賃金・社会保障

第I部では、主にアメリカを念頭に、20世紀の資本主義経済の長期的変化を分析した。第II部では日本経済の特徴に焦点を当てて、経済政策の課題について検討しよう。

本章では、日本の戦後成長の過程を概観し、そのうえで賃金と社会保障制度に関する政策上の論点を明らかにする。さらに次章で財政・金融政策の諸問題を論じたい。

1　日本経済の成長と停滞

戦後日本の経済成長

第二次世界大戦後の日本の経済成長が突出して高かったことは、すでに第1章で見た。他の主要先進国同様、日本の経済成長率のピークも20世紀半ばにある。

明治期以降、1970年代初頭までの日本の経済成長の推計については、一橋大学経済研究所

図表４－１　日本のGDP（国内総生産）上昇率（1956-2017年）

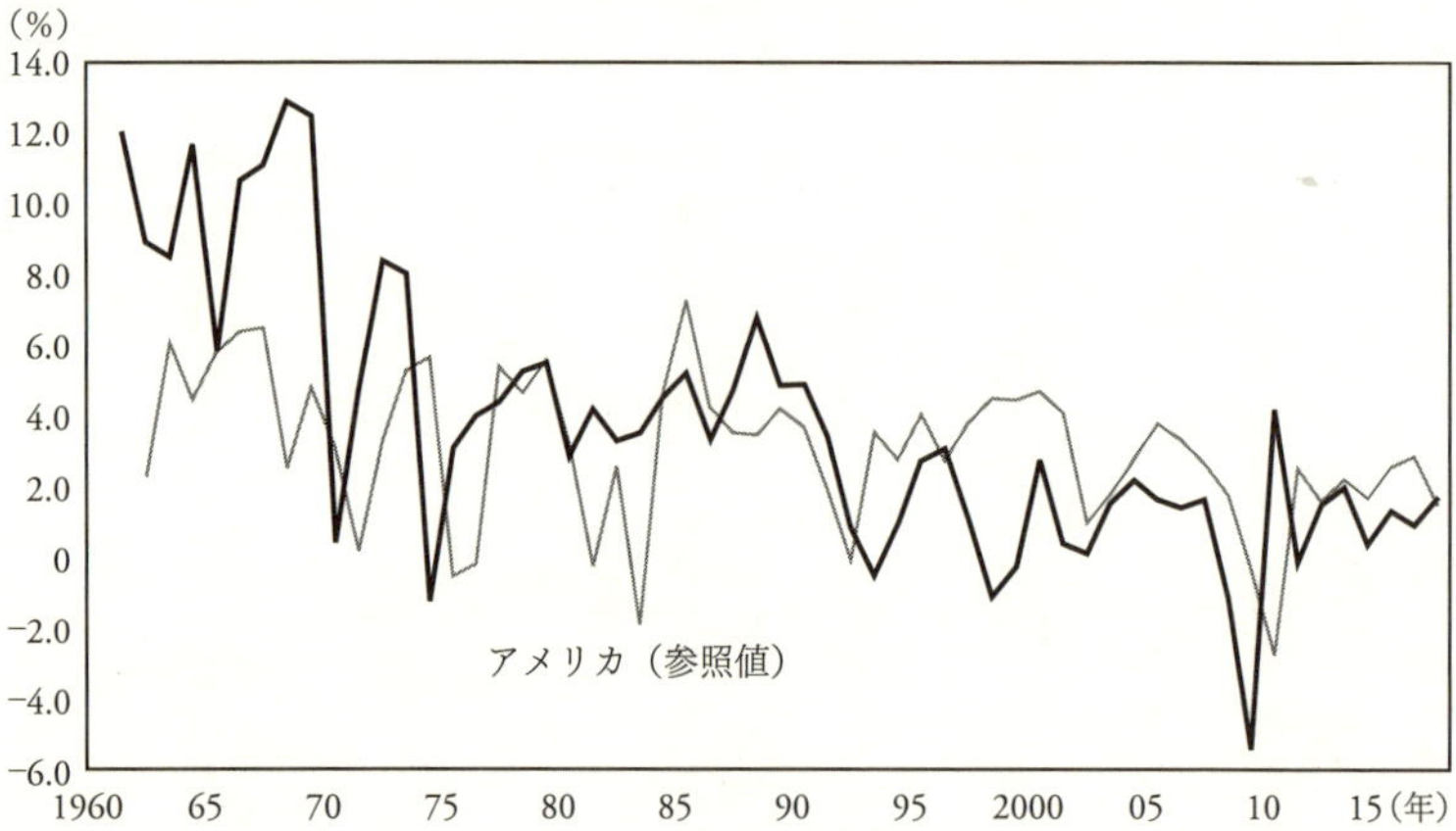

（出所）World Bank National Accounts Data, and OECD National Accounts Data Filesより作成。

の大川一司らによる『長期経済統計』がある（大川ほか　１９７４：１９７５）。大川らは、日本の実質ＧＮＰ（国民総生産）の平均成長率を戦前と戦後に分け、戦前期を１８８７年、つまり松方デフレや自由民権の激化事件が収束した時期から国家総動員法ができた１９３８年までとし、戦後期を１９５３年から１９６９年までとし、平均成長率をそれぞれ３・16％、９・99％としている。この推計に従えば、日本経済の規模は、戦前の51年間でおよそ５倍、戦後復興後は16年間で４・６倍になったことになる（大川ほか　１９７４、16ページ：１９７５）。

　図表４−１は、日本の60年代以降の経済成長率を世界銀行の統計によって見たものである。参照値としてアメリカのデータをグレーの線で加えてある。

　戦後日本の経済成長は１９６８年にピークがあり、その後、循環的変化を通じて、経済成長率の天井と床がともに傾向的に低下している。この変化は他の資本主義主要諸国と大まかには共通しているが、80年代までの落ち込みは、アメリカと比べてやや緩やかであった。その時期まで輸出が経済成長を支え、85年のプラザ合意以降は円高不況にもかかわらずバブル景気がそれを補ったためである。バブル崩壊後も、数年間は3％以上の高い経済成長率を維持した。

しかし、その後の落ち込みは極端に激しかった。1990年代後半からのＩＴブームによって経済成長率を高めたアメリカと比べて、日本はその効果をさほど受けなかった。現在までに日本もアメリカもその経済成長率はほぼ2％を割り込むまでに至っているが、日本は主要諸国ではイタリアを除いて群を抜いて低い（図表1－1）。経済停滞は、石油ショックから数えれば45年、バブル崩壊後からでも25年以上経過し、反転の兆しはない。

経済成長率の違いは何を意味するか

高度成長を直接体験していない若い人々に、その時代の雰囲気を伝えることは難しい。話が脇道にそれるようであるが、経済成長率の違いが具体的に何を意味するのかを簡単に見ておこう。

第1章で主要諸国の経済成長率が、20世紀の大きな山を越えていま、麓の19世紀並みまでたどり着いたところにいると述べた。「19世紀並み」と言っても、ディケンズの時代のイギリスや明治初期の日本の生活水準に戻ったということではない。成長率とはあくまで経済が拡大するスピードであり、現在の経済は成長率が低いとはいえ、生活水準は100年前と比べて大きく改善されている。

しかし、経済成長率が１％の経済と３％、５％の経済の違いは、程度の差ではなく、質的な違いを意味する（Mokyr 2005）。どういうことか、話をわかりやすくするために、簡単な計算でそれを見てみよう。

経済成長率１％　$1.01 \times 1.01 \times 1.01 \cdots\cdots = 1.01^{10} = 1.105$
経済成長率３％　$1.03 \times 1.03 \times 1.03 \cdots\cdots = 1.03^{10} = 1.344$
経済成長率５％　$1.05 \times 1.05 \times 1.05 \cdots\cdots = 1.05^{10} = 1.629$
経済成長率10％　$1.10 \times 1.10 \times 1.10 \cdots\cdots = 1.10^{10} = 2.594$

ある規模（Y）の経済が１％で成長すると、この経済は翌年にはY×１・01になる。２年目はそれにさらに１・01をかけたものとなる。１％が10年続くということは、Yに１・01を10回かけたものであるから、その式は$Y \times 1.01^{10}$となる。1.01^{10}は１・１０５である。つまり成長率が１％であれば、10年経ってもその経済は10％ほどしか成長しない。人間で言えば、身長１メートルの子どもが１メートル10センチになったようなもので、そう大きくなった感じはしない。

しかし経済成長率が３％だと、10年で１・34％である。５％だと１・63、つまり60％以上も成長することになる。１メートルの子どもが１メートル63センチになるのであるから、見違えるような成長ぶりである。

経済成長率10％だと、その値は実に２・59である。つまり１メートルの子どもは２メートル59センチになる。もはや人間の例えは適切ではない。約２・６倍ということは、10年で所得やビジネスが倍以上に膨れ上がるということである。屋台が立派な店になり、ちょっとした店がビルになる。ホテルや旅館で言えば、本館よりも大きな別館が10年で建つ。地域の商店街の規模が倍以上に膨れ上がり、人口が増え、都市がスプロール化する。学校や生徒数、会社や社員の数もどんどん増える。したがってこうした時代には、企業活動での成功、政治・行政その他の組織、文化・社会運動の急速な発展の物語が絶えない。20世紀半ばの日本で起きた現象とは、まさにこのようなものである。

日本では、約10％の経済成長率が20年間続いた。これを計算すれば、元の経済規模から6・7倍になったことになる。こうした比率での拡大が国全体で平均して起こったのであるから、爆発的な変化であり、「歴史的勃興《ぼっこう》期」（下村治）と言われる所以である。今の中国やインドの経済成長率が7％であるが、それは同じことが新興国で現在進行形で起こっていることを意味する。

２００8年金融危機以降10年間ほどの日本の経済成長率は、ほぼ1％もしくはそれ以下である。われわれが今日生きている時代は、ゼロ成長に近い定常状態である。経済成長の時代から今を見ると、今の時代は活気がないように見える。ＮＨＫの朝の連続テレビ小説で語られるようなビジネスの成功物語のほとんどは、高い成長率の時代の産物であり、今日のものではない。かつてはこんなにすごかった、云々。しかしそれは、歴史的条件の違いによるところが大きい。

経済成長の停滞要因

１９７０年代に日本の経済成長率が落ちはじめた理由は何であろうか。その最も大きな要因は、明治期以降の技術発展と経済開発が総体として一段落したことであり、第1章でアメリカについて見たこととほぼ重なる。

この低成長への転換について、一橋大学の篠原三代平は次のように述べている。

「戦後世界経済や日本経済の動きを観察する場合に、ある時期は『ケインズ＝シュムペーター的な局面』だったが、次は『非ケインズ的な局面』に移行し、そこではインフレーションが起こる。しかし、その調整過程はかなり長期間続いて『グローバル・アジャストメント』という第三の局面に入る。したがって戦後の長期波動を戦後のレベルだけで考えても、以上の三局面の交代として考えたほうがよいのではないかと考えています。その意味で、１９７３年以前の状況とそれ以降の状況、とくに１９８０年代の状況はまったく異質であるというように思わざるをえません」（篠原編１９９１、１５７ページ）

「ケインズ＝シュムペーター的な局面」とは、いわば有効需要の拡大、投資と技術革新が相乗的に起こった時代と言うことができるであろう。これは80年代末のバブル経済崩壊を目の当たりにした後の発言であるが、長期成長の時代から１９７３年を転機とするポスト成長の時代への移行を篠原は鋭く捉えている。

日本では戦後、鉄鋼、電気、機械、石油化学など主要分野において産業が確立し、コンビナートを中心とする拠点開発方式で新工業地帯が開発された。全国的に鉄道や道路、港湾などインフラが整備され、市街地が拡大した。教育機関、医療機関など公共施設や生活関連施設ができ、家庭には自動車、テレビ、冷蔵庫、エアコンが普及した。

日本にとって、ニクソンショックとオイルショックは、対米輸出による外貨獲得と安い石油という支柱のぐらつきを意味した。企業は一斉に「減量経営」に向かい、雇用の見直しを図った。一方、様々な産業分野で途上国のキャッチアップが進み、製造業製品の供給源がグローバルに多様化するようになると、日本をはじめ先進諸国の企業の国際競争力は色褪《いろあ》せはじめた。

伝統的に経済学は、経済成長は資本蓄積と技術進歩によって規定されると考えてきた。資本蓄積とはこの場合は、労働と資本の投入を指す。このモデルは、経済成長の水準をもっぱら供給面によって説明しようとするものであるため、生産に対する需要の影響を捉えるには不向きである。今日、企業は内外の需要拡大が見込めないため、投資を抑制せざるをえない。技術進歩は様々な面でおこなわれてはいるが、物的生産性が上昇しても、競争によって価格を下げねばならず、そのため付加価値が生まれにくい。つまり企業間競争によって常に、価格に強い下方圧力が働く。そのことがマクロ的に見れば、経済成長率の減速およびデフレ傾向となって現れる。

論者のなかには、日本経済の停滞の原因を日本固有の技術開発の遅れ、経済政策、政治、教育その他のまずさに求める意見もあるが、経済成長率の長期的な低落そのものは、１９７０年代以降の先進諸国に共通に見られる現象であり、したがってそれを国ごとの個別事情で説明することはできない。この時代の先進諸国に共通して見られる、ある程度の物的生活水準の飽和状態が需要の拡大を抑えたことこそ、経済成長率の減速の共振をもたらしたものと考えるべきであろう。

途上国のインド、中国などはこれから大規模な高度成長の時代に入ることが予想されるため、先進国と新興国とのグローバルな経済成長率の格差は今後も長期にわたって続く。こうしたことが今日の日本の長期停滞の基底にあり、この停滞傾向はバブル経済崩壊以降、ますますはっきりとしてきた。

香西泰は、日本の高度成長を振り返り、それは官僚や財界の主導でおこなわれたものではなく、「市場メカニズムに依拠して実現された」ものと述べた（香西２００１）。しかしそうであったとしても、それは例外的な成長期の市場に、起業家、労働者、家計が懸命に対応した結果であり、むしろ市場メカニズムが特殊な歴史的状況を基礎に機能を発揮したと言うべきである。逆に、今日では、企業の判断に基づく投資抑制、つまり市場の論理が、実体・金融両面で経済の不均衡を拡大させ、成長を抑制している。

市場メカニズムには双極性の不均衡化傾向がある。香西のような理解では、こうした市場の傾向を経済政策によって社会的にコントロールすべきであるという認識にはたどり着けない。

国民の生活状態

日本の問題は、主要諸国に共通して見られる一般的な長期停滞の構図に、企業の抑制的な投資・雇用政策が積み重なっていることである。日本の企業は、アメリカの企業と同様、収益性の低迷を、賃金と労働条件を抑え込むことで打開する傾向がとりわけ強い。

企業の行動原理は、前の四半期よりわずかでも高い収益をあげねばならないというものである。市場の規模の拡大を表す経済成長率が１～２％程度であれば、有望な投資先を見出すことで収益を確保することは困難である。企業にとって手っ取り早い方策は、比較的可変的なコストである労働者の賃金をよりいっそう削減し、労働を強化することである。

企業規制が弱く、労働保護が行き届いていない日本やアメリカでは、長期停滞のしわ寄せが労働者・国民にストレートに向かいやすい。実質賃金の抑制、非正規労働規制の緩和、「働き方改革」と称して残業時間100時間といった過労死基準を超える労働時間を当たり前のように押しつけようとする日本の政財界の動きがそうである。

特に1990年代以降の雇用の非正規化の波は、国民の経済生活を後戻りできないほど破壊した。非正規の若年層は、結婚はおろか、今日明日の生活に汲々としている有様である。長期停滞のもとでの雇用の劣化、貧困化は収まる気配がない。さらに外国人労働者の受け入れ拡大によって、問題はより深刻化しようとしている。

企業間の製品価格競争によって、生活関連財の価格が低下し、生活水準の急激な落ち込みはかろうじて回避されている面が確かにあるが、他方で、ケア（介護・育児）、教育、医療、年金、さらに住居費といった分野の価格は高止まりしている。したがって家計として見れば、所得はマイナスもしくはほとんど増えていないにもかかわらず、可処分所得のますます大きな割合がこうしたサービス関連で占められ、家計の経済的負担は重くなる。*1

2　日本経済の構造的特徴——賃金と社会保障の戦後史から

日本経済の「二重構造」と「電産型賃金」

日本の戦後成長モデルは、アメリカと同様、高雇用政策と、職域を基礎とした保険方式の社会保障制度に立脚したものであり、その両方の柱が今日それぞれに弱体化しているのもアメリカと同様である。しかしその内容には日本独自のものがある。

戦後の日本経済はいわゆる「二重構造」と呼ばれるモデルによって説明されてきた。二重構造とはそもそもは工業と農業、近代部門と在来部門の格差を表す用語であったが、戦後日本の場合、大企業と中小企業の賃金格差（企業規模間賃金格差）がヨーロッパの先進諸国と比べて大きく、大企業の労働市場は閉鎖的、中小企業のそれは開放的であるという経済的な特徴を指す。しかしそれは賃金の格差にとどまらず、大企業と中小零細企業の非対称的な企業間関係とその支配構造を示すものであるため、この問題の把握をめぐる大きな議論が沸き起こった。

戦後日本の経済学者たちが取り組んだ問題の一つは、二重構造の成り立ちと意味をどう理解すべきかということであった。篠原三代平は、この賃金格差の原因を、大企業と中小零細企業との収益性、資金力の違いによって説明しようとした（篠原 1964）。また宮崎義一は、企業集団の系列ワンセット主義が過当競争を招いていることにその原因があると指摘した（宮崎 1966）。中小零細企業の経営者と労働者は、大企業への依存と従属のもとで劣位な立場に置かれた。中小零細企業労働者の賃金と雇用条件は、大企業正社員のそれからはほど遠いものであった。実際、大企業で見られる賃金体系は中小零細企業の労働者に適用されるには至らなかった。むしろ中小零細企業の低賃金こそが、「六大企業集団」と呼ばれた戦後日本の大企業体制の競争力の源泉となったのである。

「二重構造」の把握は、後進国日本が賃金を抑え投資と輸出を急ぎ、先進諸国に追いつくメカニズムを解き明かすものであり、強く内部化された労働市場をもつ大企業が経済の中核として君臨し、その周辺に中小零細企業の下請けのネットワークを従えるという企業集団本位の資本蓄積のあり方を告発するものでもあった。

宮崎は戦後日本の二重構造と賃金とを関連させて、次のように指摘している。

「従来の〝二重構造論〟は資本集中、生産物市場、労働市場の不完全性を主たる根拠としてうちたてられていたが、それだけでは不十分のようである。労働者側のビヘイビアの分析、つまり全体として農村から労働力プッシュの構造がみられるにもかかわらず、ビッグ・ビジネスにおいて超過利潤の一部がその労働者の手に獲得されるメカニズムとしての春闘方式の意義を軽視しているからである。日本的二重構造は、30年代ビッグ・ビジネスの成立と春闘方式と労働力プッシュ構造によって説明されねばならないだろう」（宮崎１９６６、１１５ページ）

こうした戦後日本の二重構造の上層部、つまり大企業部門を中心に広がった賃金体系が、いわゆる「電産型賃金」と呼ばれるものである。電産型賃金とは、賃金のほとんどが年齢によってのみ決まり（年功）、職務による区別がなく（職能給）、基本給と諸手当で家族の生活を支えうる水準の賃金（生活給）を指す。電産型賃金は、一面で、国家総動員の統制経済の給与体系を受け継いだものであるが、同時に、終戦直後の生存権の保障、平等主義と社会変革の息吹を反映したものでもあった。*2

しかしこの賃金体系は事実上、大企業の男性正規社員に相対的に高い家族賃金を支払うというものと言え、したがってそれは裏を返せば、中小零細企業の労働者を排除し、女性労働に家計補助的な役割を与えるという差別的なものであった。この賃金体系は次のように批判された。

> （電産型賃金体系は、）「従来の資本の恣意的な身分的な年功賃金の体系にくらべ、もろもろのすぐれた内容をもっていたにもかかわらず、団結の基礎であると同時に賃金支払の根本原則の1つである『労働対価原理』＝同一労働同一賃金の原則の無視という一点においてまさに致命的な賃金体系であった。その故にこれは労働者階級の輝かしい闘争の一成果であると同時に、また、組織の分裂と低賃金体系の確立という資本の意図の政策のなかに自らはまりこむ第一歩でもあった」（岸本 1962、75ページ）

電産型賃金を要求した当時の労働運動のねらいは、その方式による賃金体系と賃金水準が、中小零細の正規労働者にまであまねく及ぶことであった。しかし、1948年以降のいわゆる「逆コース」、レッドパージのもとでの産別会議の後退、ドッジ・デフレのもとでの「賃金安定化」といった一連の出来事を背景に、労働運動は抑え込まれた。[*3] この電産型賃金制度は、主要産業の大手企業正社員を中心に広がったものの、中小零細の正規労働者にまで及ぶことはなかった。さらに「非正規労働者」については、当初からこの賃金体系からは除かれた。ハーバード大学の日本史研究家、アンドルー・ゴードンは次のように述べている。「1950年代の第二組合だけでなく職場闘争戦術を推進したより戦闘的な組合も、ともに少なからぬ労働者をこの『正規労働者』カテゴリーに加えなかった。組織労働者は、企業内での雇用に執着した。組合組織の重要な単位は企業であり、組合は職能《クラフト》や同一産業内で広く雇用を守ろうとはせず、企業内における狭い雇用保障の確保に努めたのである」（ゴードン 2012、506ページ）

電産型賃金の広がりを制約した要因は、根本的には日本経済の構造自身のうちにあったと言える。電産型賃金が可能となる基盤は、当初、戦後の企業集団の中核を構成する企業の高い収益性にあった。こうした賃金体系は、主要産業における独占的地位をもつ企業の単組や産別でのみ可能であった。技術的な面から言えば、大企業はより資本集約的であるため、技能をもった労働者を必要とし、そのためフォーマルおよびインフォーマルな企業内教育をおこなう。また資金力もあるうえ、企業内教育への投資という固定費用をより多くの労働者に分散させ、製品コストに上乗せすることができる。雇用が安定的で離職率が低いため、職業訓練が長期的な効果をもち、企業内世代間の技能の継承が可能となる。中小零細企業はそうではない。またこの賃金格差は、大企業の強い競争力と高い収益性が、中小零細企業の低収益性と低賃金を前提にしたものであるという、両者の非対称的な支配と依存、従属を表したものであった。[*4] 大企業は労働市場の不完全性から利益を得ており、それによって高い賃金を支払うことができた。組合組織は、企業別の壁を越えて産業別の運動をつくり、こうした企業間格差の構造を是正する力をもたなかった。

「二重構造」は解消しなかった

1950年代初頭、戦後復興に伴う労働需要の拡大を埋めたのは、復員軍人、女性労働、期間契約の労働者であり、「二重構造」は一時的に強まるかに見えた。しかし経済学のオーソドックスな見方からすれば、二重化した不完全な労働市場は、競争によって平準化され、市場の発展とともに是正されるということになる。

図表４－２　事業所規模別賃金実額（1970–2017年）

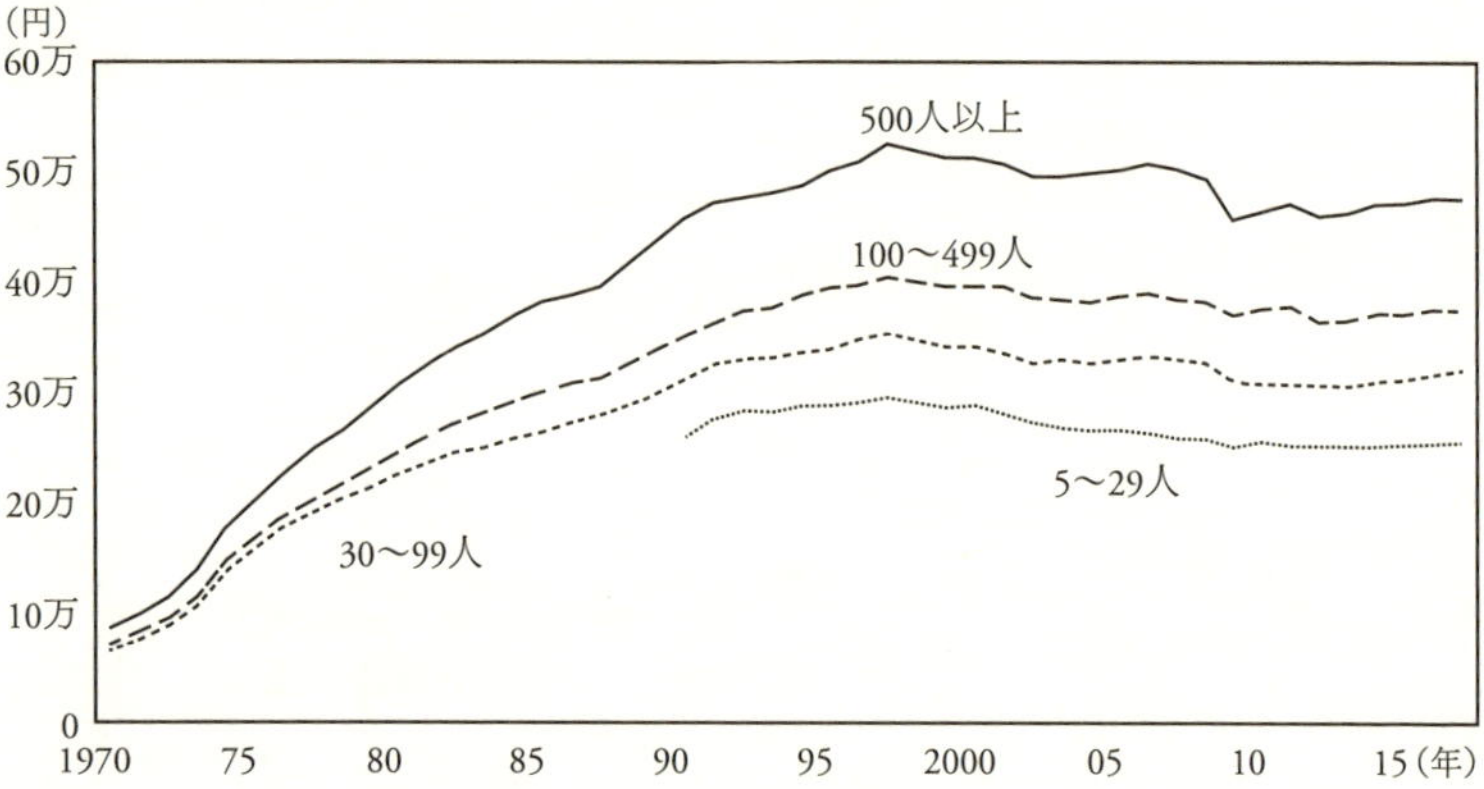

（出所）厚生労働省「毎月勤労統計調査」より作成。数値には一般労働者とパートタイム労働者が含まれる。

　したがって戦後の研究者たちは、この「二重構造」が経済発展とともに解消するであろうと考えた。たとえば篠原は１９６１年の著書で次のように記している。「この二重構造は、わが国の生産力が発展し、漸次《ぜんじ》先進国水準に近づき、国内においても労働力増加率が低下して、漸次解消の方向へ辿らざるをえない運命にあろう」（篠原　１９６１）。また同じく一橋大学の尾高煌之助は、１９２０年代以降、二重構造が周期性をもって現れてきたと指摘しつつ、将来的には中小企業への技術の普及によって二重構造が解消すると述べた（尾高　１９８４）。[5] 解消の根拠を、篠原が労働力不足に、尾高が技術要因に求めたという違いはあれ、それぞれに日本もそのうち他の先進国のように二重構造のない近代的な経済になると考えた。「日本はまだ普請《ふしん》中だ」（森鷗外）というわけである。これが大方の主流派経済学者たちの見立てであった。[6]

図表4－3　事業所規模別賃金格差（1970－2017年）500人以上を100とした指数

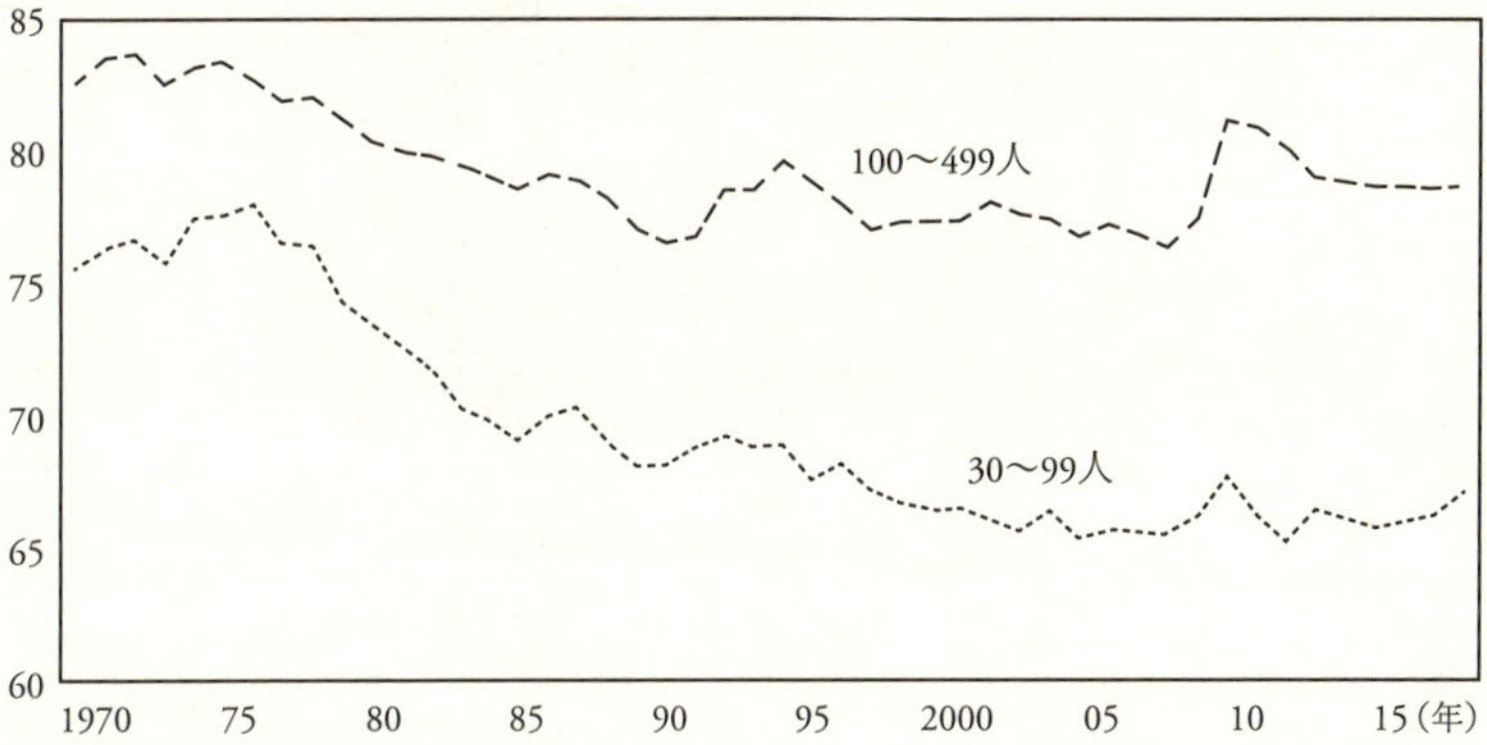

（出所）厚生労働省「毎月勤労統計調査」より作成。数値には一般労働者とパートタイム労働者が含まれる。

しかし、こうした見通しは正しくなかった。確かに二重構造は、１９６０年代には解消に向かうかのように見えた。しかし１９７０年代以降、女性労働を中心に非正規労働者が急増し、さらにその後の低成長期の「減量経営」において賃金に対する抑制が強まるに及んで、企業規模間の賃金格差は逆に広がった。さらに１９９０年代後半以降の非正規雇用の広がりに伴って、この傾向はいっそう強まった。

図表４−２は、厚生労働省の「毎月勤労統計調査」から、企業規模別の賃金実額の変化を示したものである。企業規模は従業員30人以上から５００人以上まで４段階に分けられている。これによると、１９７０年代からバブル崩壊の傾向が鮮明に出てくる90年代半ばまで、どの規模においても、つまり大企業、中小零細企業を問わず支払い賃金は上昇しているが、企業規模別の賃金格差はむしろ拡大している。そして90年代後半以降は、

大企業も含めて全般的に賃金が抑制され、そのなかでさらに規模間格差が拡大していることがわかる。

図表４–３は、５００人以上の事業所の賃金を１００として、１００〜４９９人、30〜99人の事業所の賃金を指数化したものであるが、格差の拡大は歴然としている。１９９０年代以降、１００〜４９９人の指数が上向く場合があるが、それは大企業の賃金が下がることによって相対的に上昇したにすぎない。その後、１９９０年代半ば以降は、広がった格差をそのままにして、全体として支払い賃金が下方に圧縮されたことがわかる。バブル経済崩壊後の不況から今日までの賃金抑制は、５００人以上の大規模な企業にとっても例外ではなくなった。こうしたことが、日本経済全体で見た労働シェアの低下をもたらしている。*7

図表４–４は、事業所規模間の賃金格差の国際比較である。日本とそれ以外とで企業規模の区切り方に違いがあるが、日本の場合、１０００人以上の大規模事業所を１００とした場合、規模が小さくなるに従って賃金は下がり、最も小さい5〜29人は57・７％と6割弱まで賃金が下がるという傾斜構造である。アメリカは日本よりも傾きが急であり、ドイツも日本ほどではないが傾斜構造である。しかし他のヨーロッパ諸国は、事業所規模間の格差はさほど大きくない。デンマークやフィンランドなどは、むしろ小さい事業所のほうが報酬が高くさえある。つまり大企業と中小零細企業の格差がほとんどないのである。

日本やアメリカと北欧との違いの一つは、後者が「連帯賃金制度」（Solidarity Wage System）という方式をとっていて、全国的な労働協約制度によって、産業別、地域別に賃金水準が決定され、

図表4-4　事業所規模間賃金格差の国際比較

（1,000人以上＝100）

事業所・企業規模	規模計	5～29	30～99	100～499	500～999	1,000人以上
日本[1)] （製造業）	68.3 （73.8）	57.7 （60.5）	66.9 （65.1）	77.9 （75.2）	86.3 （86.1）	100 （100）
		10～49	50～249	250～499	500～999	1,000人以上
アメリカ[2)] （製造業）	62.6 （64.5）	50.1 （48.0）	60.0 （56.5）	71.3 （65.6）	85.5 （70.5）	100 （100）
イギリス[3)]	104.2	89.7	100.2	90.5	104.4	100
ドイツ[3)]	68.7	65.7	68.4	78.6	85.6	100
イタリア[3)]	88.5	90.2	85.2	90.5	−	100
オランダ[3)]	96.2	94.0	98.9	119.7	117.2	100
デンマーク[3)]	100.4	122.6	139.2	111.4	111.3	100
フィンランド[3)]	100.3	−	121.8	109.2	−	100
ノルウェー[3)]	60.7	98.5	60.6	101.7	101.4	100

資料出所　日本：厚生労働省（2017.2）「平成28年毎月勤労統計調査確報」
アメリカ：BLS（2017.1）*Quarterly Census of Employment and Wages*
欧州：Eurostat（2017.8）*Structure of Earnings Survey 2014*

（註）原則、全産業を対象。
1）2016年値。事業所規模別。規模計は5人以上、産業計は非農林漁業の常用労働者を対象。月間のきまって支給する給与（contractual cash earnings）より算出。
2）2016年第1四半期の値。事業所規模別。規模計は1人以上、産業計は民営の非農林産業を対象。週当たり平均賃金（average weekly wage）より算出。
3）2014年値。企業規模別。規模計は10人以上、産業計は行政・防衛・義務的社会保障を除く非農林水産業を対象。月間平均賃金総額（mean monthly earnings）より算出。
（出所）労働政策研究・研修機構『データブック国際労働比較』2018年。

その報酬水準が企業の区別なく適用されることにある。つまり、賃金制度そのものが普遍主義的である。日本やアメリカでは、賃金は労働市場で個別的に決定されるということが当たり前になっているが、それは必ずしも国際的な標準ではない。賃金に対する社会的規制が弱いため、日本やアメリカでは所得格差の拡大が野放しになったままである。

日本では、低成長のもとで雇用の非正規化が進展し、全産業平均で1980年代初頭の15％から急上昇し、2015年に4割を超えた。

90年代以降、非正規雇用の規制緩和など企業本位の様々な労働市場改革を重ねた結果、広範な産業、自治体の業務委託、介護労働の分野で、不安定かつ低賃金の職種が広がった。パートや派遣、高齢者など、より不安定な低賃金労働者を伝統的な二重構造のそれぞれの層の底辺に大量に組み入れることによって、労働市場の裾野が劣化した状態で広がっている。

アンドルー・ゴードンは、今日の日本の労働市場を、伝統的な企業規模間の「二重構造」に女性労働と非正規労働を組み込んだ重層的なものと捉え、次のように記している。「非正規労働の割合の増加と相俟って、この数十年、正規労働者のなかでも能力評価や成果主義の導入によって差別化が進み、雇用不安が高まった。しかし男女間の格差は、正規・非正規を問わず、正規労働者内部の格差よりも甚だしい。正規・非正規というあらたな二重構造が既存のジェンダー格差および企業規模間格差に積み重なっているというのが、少なくとも1980年代以来の日本の労働システムの変化の最も顕著な変化である」（ゴードン　2012、31〜32ページ）

小泉構造改革から現在まで、歴代政権は政策面からこの動きを助長した。そうしたなか、生活の必要からも女性の労働市場への参加が増加した。[*8] 今日の日本のデフレの大元は賃金デフレにあるが、それは普遍主義の欠如した賃金の傾斜構造を拡大した結果である。

日本の社会保障制度

第二次世界大戦後、主要諸国で社会保障制度が体系的に整備されるが、その際の制度設計の基本は、就労を優先し、職域を基礎とした保険方式によってその財源を確保するものであった。戦後、完全雇用政策に基づく賃金制度と保険制度に基づく社会保障制度は、いわば相互補完性をもつものとして整備された。

戦後日本の社会保障制度の体系は、1940年代までの健康保険法、国民健康保険法、国家公務員共済組合法、船員保険法、厚生年金保険法、失業保険法および労働者災害補償保険法などを統合する形で、1950年代から60年代初頭にかけて成立した。日本の旧制度は戦時下の社会政策、健民政策上の必要として上からつくられたものであり、アメリカなど社会運動の結果として下からの突き上げでつくられたものと成り立ちが違う。

日本の社会保障制度を理解するうえで大切なことは、社会保障が制度的に確立する以前に、すでに電産型賃金体系が基幹産業において広がっていたという歴史的な前後関係である。日本の社会保障制度は、50年代の強い経済成長とともに上昇しつつあった賃金を前提に、保険方式を中心にしたニューディール型に近い制度として発足した。[*9] さらにそれは、戦後の人口構成に占める農業と自営業の割合が高い時期にできたことから、当初は、制度からそれらを除外し、工業に就労する労働者の給与所得のみをターゲットにして設計された。公的扶助、失業給付、年金など福祉制度の全体が、失業や老齢によって労働者が就労から離脱した例外的な場合のセーフティネットとしての役割を担った。高等教育費や住居費は、今日のように家計支出に大きな部分を占めてはいなかった。[*10]

当初から制度自体が抱えたこうした欠陥を意識してか、1962年に社会保障制度審議会は次のように述べざるをえなかった。「福祉国家は社会保障だけでは達成されない。一般的な他の諸政策においても社会保障の見地は重要である。とくに雇用、賃金、食糧その他の物価、税制、教育、住宅などの社会生活環境等の諸問題については、社会保障の観点をそれらを通じてつらぬくことをこの際強く要請する。それが固有の社会保障の負担を軽くし、またその効果を大きくするゆえんである」（社会保障制度審議会 １９６２）

この１９６２年の報告書からすでに半世紀が過ぎたが、現在、老齢年金の受給状況はどうなっているであろうか。厚生年金の資料で見ると、２０１７年度の老齢年金受給者総数は３４００万人、それぞれの受給者および平均年金月額は、厚生年金受給者では、25年以上保険料を支払った者が１５００万人（14万４９０３円）、25年未満が１４００万人（５万８９２９円）で、国民年金（基礎年金）のみの受給者では、25年以上保険料を支払った者が６５０万人（５万０１８６円）、25年未満が87万人（１万８９５２円）であった。このように、月14万円以上というそれなりの年金を受け取っている高齢者は３４００万人中の１５００万人、つまり43％で、あとは５万円程度あるいはそれ以下の年金で暮らしているということになる。このように、賃金の傾斜構造に対応した老後の社会保障の格差が明確に見られる。

今日、電産型賃金の生息領域は徐々に狭まり、賃金からの保険料支払いで成り立っている社会保障制度の基盤はますます弱体化しつつある。それに加えて企業は社会保険から離脱する動きを強めつつある。

今日、社会保障制度が財政面で持続可能でない理由には、成立当初の諸々の前提が、その後大きく変化したことがある。当初まだ人口の多くを占めていた農村から都市への人々の移動が急速に進み、それに伴って年金制度への加入者が増加したこと、高齢化と人口増加率の減少が進行したこと、そしてさらに、その後、高等教育の普及による保険料支払い開始時期の遅れ、1970年代以降の長期停滞への移行、非正規化による企業の社会保障費支払いの節約、賃金抑制による保険料未納などが相俟って、社会保障財政は逼迫《ひっぱく》しはじめた。1980年代以降の新自由主義政策のもとで労働市場の流動化が政策的に推し進められ、長期停滞のもとで企業部門の雇用吸収力が低下するに及んで、当初目論まれた、高い賃金と社会保障制度の組み合わせによって経済的保障を確保するという制度的パターンは限界に達しつつある。90年代末から2000年代初頭にかけて社会人となったいわゆる「ロストジェネレーション」の就労と老後の問題は、もはや制度上の問題を超えた、きわめて大きな社会問題である。

以上のような賃金と社会保障の歴史から言えることは次の通りである。戦後日本の長期の経済成長の時代においては、この両者は多くの国民を安定的で協調的な労使関係に取り込むうえで大きな役割を果たしたが、長期停滞の今日においては、もはや大多数の国民を包摂する力を失いつつある。したがって、この制度の骨格を保持したままでは、大多数の、特に下位所得層の安定した老後は保障できない。

3　普遍主義的な制度改革のために

賃金と社会保障の相互関係

前節で見た賃金と社会保障制度の相互関係からすれば、低い経済成長率を前提に、両者が一体として改革される必要があることがわかる。北欧やオランダなどヨーロッパの高福祉国家では、教育、医療、住居、育児、介護などの高い社会保障サービスは、フラットで流動的な労働市場に対応している。そこでは、経済成長率は低くても、経済的成果を等しく分配し、国民のナショナルミニマムへのアクセスを保障することが可能である。日本では賃金と社会保障が、経済あるいは労働市場の二重構造と結びついて、上位層に手厚く、下位層に薄いものであるため、経済停滞のしわ寄せが下位所得層に向かいがちとなる。

いま政府は、「税と社会保障の一体改革」として、労働市場の二重構造や社会保障の経済的排除の問題に目をふさいだまま、社会保障制度の改革をおこなおうとしている。また同様に「同一労働同一賃金」を論じようとしている。しかしこれらは正しい問題の立て方ではない。日本的な制度の特徴からすれば、そうした対処が事態をさらに悪化させることは明らかである。

安倍首相は、２０１６年６月に閣議決定した「一億総活躍プラン」に「同一労働同一賃金」の項目を組み入れた。しかし賃金の問題は、すでに見たような日本経済の根幹に関わる問題なので、内閣が経団連に少し声をかける程度ではなんともならない。

「同一労働同一賃金」あるいは「同一価値労働同一賃金」は、ＩＬＯ（国際労働機関）憲章にも明記されている国際的な原則である。それは正規と非正規および男女の賃金差別をなくすものであり、均等待遇を求める労働組合がそれを支持することは当然である。しかしそこにたどり着くためには、もつれた糸をほどくような作業が必要である。

雇用や賃金のあり方は、社会保障制度と密接に関連している。たとえば、年功賃金は、教育費や住居費の負担が大きくなる中高年時に賃金カーブがピークになるようになっているが、それは諸外国と比べて著しく高い日本の教育費や住居費をまかなうために必要だからである。また日本の退職金制度は、現役時代の賃金と老齢年金の低さを補うために必要である。アメリカにはボーナスや退職金は一般労働者には制度としてはないが、その代わりに日本の基礎年金部分に当たる社会保障の給付額は日本の基礎年金と比べてかなり高い。

こうした賃金と社会保障の相互関係を無視して、どちらかだけを是正することはできない。賃金の年功性を是正するのであれば、フラットな賃金カーブにふさわしい普遍的な社会保障制度をつくり、住居や教育のコストを政策的に引き下げ、賃金をそれらをまかなえるほど高めねばならない。子育てや介護といったサービスも同様である。正規・非正規の格差を是正するのであれば、厚生年金、国民年金の区別もなくし、誰もがそれなりの老後を暮らせる一元的な制度に改める必要がある。

そのような大がかりな制度改革抜きに「同一労働同一賃金」を目指すとすれば、正社員の賃金を非正規並みにする程度のことになりかねないし、現にそうなりつつある。同様に、「税と社会保障の一体改革」と言いつつ、社会保障給付を引き下げるか、増税か、といった狭い議論に行き着かざるをえない。賃金も抑え、社会保障も削減するのであれば、結局、すでに崩れつつある賃金と社会保障の制度的補完関係はさらにその機能を失うであろう。

日本総合研究所の山田久はこの点について次のように指摘している。

「同一労働同一賃金をスローガンに非正規労働者の処遇改善を図ろうとするならば、賃金制度を補う社会政策を同時に実施しなければ問題を起こしかねないことがわかる。そもそも賃金制度と雇用制度は表裏一体の関係にあり、賃金制度を改革するには、雇用制度の見直しも不可欠になるのである。さらに、同一労働同一賃金の方向に賃金制度が変わることは、家族モデルのあり方や生活保障のあり方を見直す必要が出てくるのである」（山田 2017、149ページ）

山田が賃金制度と関連させて、社会政策だけでなく「家族モデルや生活保障」と書いているのは含蓄《がんちく》がある。賃金抑制と経済の硬直化との悪循環を断つためには、年金や医療だけでなく、ケア（介護・育児）、教育など様々な分野が関わっている。それらを含め、全体として、賃金と生活の保障を考えることが必要である。

日本型賃金の改革――ベーシックインカムと労働協約制度

現在の日本の賃金は、賃金決定が依然として根深い傾斜構造の歪みを抱えているのみならず、低賃金職種が爆発的な広がりを見せている。多くの単身者や家族が、時給レベルのパート労働、介護職、業務委託などの雇用のみで、今月、来月の生活費をどう工面するかという状態で暮らしている有様である。賃金制度を普遍的に改革すべきであるという主張は、そうした流れが津波のように襲いかかっているなかでは、とうてい受け入れられないと思われるかもしれない。しかし経済政策によって賃金決定に影響を及ぼし、企業のインセンティブに働きかけることは不可能ではない。

普遍主義的な賃金制度とは、原理的には、優遇された労働者が、劣位にある労働者の不利益によって利益を受けるような制度ではなく、上層の労働者の賃金が上がるときに、連動して下位の労働者の賃金も上がるという仕組みで、結果として個々の利益が全体の利益となり、労働市場全体を浮かび上がらせるような制度を指す。このような制度への移行はどのようにして可能であろうか。

第一に、こうした制度のためには、労働者全体の賃金の一部を社会化し、国民一人ひとりに一定金額を社会的給付として支払い、その給付水準を徐々に引き上げるという、ベーシックインカム型の所得保障の導入が考えられる。

これは次のようなものである。個人は就労の有無、資産の有無にかかわらず、一定の社会的給付を毎月受け取る。企業は、賃金の一部を給与として支払う必要がなくなり、さらに家族手当など付加給付を削減することができるが、代わりに累進的な所得税、法人税の増税を受け入れる。この社会的給付の部分を拡大することによって、最終的には国民すべての生活の最低限、ナショナルミニマムへのアクセスを保障し、労働シェアを引き上げることができる。これによって市場

図表４−５　主要諸国の労働組合組織率と労働協約率（単位：％）

	組合組織率	労働協約率
デンマーク	67.2	84.0
フィンランド	64.6	89.3
フランス	7.9	98.5
ドイツ	17.0	56.0
イタリア	34.4	80.0
日　本	17.3	16.7
韓　国	10.1	11.8
オランダ	17.3	78.6
ノルウェー	52.5	67.0
スペイン	13.9	73.1
スウェーデン	66.1	90.0
スイス	15.7	49.2
イギリス	23.7	26.3
アメリカ	10.3	12.0

労働協約率とは、集団的労働契約が適用される労働者の割合。

（出所）OECD Stat.より作成。

が拡大し、社会が安定することが、企業側にとってもメリットとなる。このベーシックインカムについては、第７章で詳しく述べたい。

第二には、賃金格差そのものの是正である。日本の賃金が傾斜構造をもつ理由の一つは、賃金決定が個別企業レベルでおこなわれ、賃金に対する社会的規制が著しく弱いことにある。日本の労働市場あるいは労使関係のいま一つの重要な特徴は、「二重構造」と並んで、あるいはそれを反映してと言うべきであるが、労働協約率がヨーロッパの先進国と比べて著しく低いことである。「労働協約制度」とは、全国あるいは地方の労働組合（従業員代表）と経営者代表が交渉し、全国的あるいは地域ごとに労使で決定された賃金や労働条件が、組合への加入の有無、企業規模の差異、場合によっては正規・非正規にかかわらず、全体に適用される仕組みである。組合組織率の低さに比べて、労働協約制度はあまり注目されず、ヨーロッパ型の全国的な政労使交渉の枠組みが日本にないことはさほど問題視されてこなかった。春闘方式がその一部を代替したためであるとも考えられるが、この問題はきわめて重要である。

図表4─5は、主要諸国の労働組合組織率と労働協約率を並べたものである。北欧の福祉先進国をはじめ、労働協約率が圧倒的に高く、労働者のほぼすべてを包括している国がいくつもある。フランスは組合組織率は低いが、労働協約率は高い。労働協約率の高い国では、日本やアメリカのような賃金格差が起こりにくい。これは「連帯賃金制度」と呼ばれるものである。

このような普遍主義的な制度のもとでは、雇用が流動化し、労働者が転職しても大きく賃金が下がることはないため、いわゆる「失業コスト」（労働者が失業によってこうむる損失）が小さくなる。雇用保険の給付期間が長く、支給率が高い場合には、雇用転換が労使どちらにとっても楽になる。つまり、全国的な労働協約制度があり、傾斜構造のない労働市場では、失業の意味がまるで異なる。

戦後日本では、長らく主として単産の団体交渉が、春闘相場を決定するうえで大きな役割を果たした。しかしその交渉範囲は、組合のある大企業セクターにとどまりがちであり、交渉で扱う内容も限られていた。その結果、日本には現在に至るまで全国的な労働協約制度が事実上存在せず、産業別の労働協約の適用率が、アメリカや韓国と並んで異常に低い。賃金に対する個別企業の決定権が強く、賃金・労働規制が企業に及びにくいという状況が野放しにされてきたのである。

低成長期に突入し、労働組合組織率がさらに低下し、就労形態の多様化に伴う労働契約の個別化が進むにつれ、労働条件の決定や労使関係の枠組みを規制するうえで、使用者と労働組合という狭い範囲の交渉のみでは対応できなくなっている。非正規労働者をも組み込んだ労働者代表制度が必要である。

こうしたことから近年、労働協約制度に対する関心が現れてきている。２００７年11月に成立した「労働契約法」は、就業規則の変更による労働契約の変更を認めたことや、金銭による解雇の簡素化をもたらすものとして批判を浴びたことは周知の通りである。雇用の流動化や就業規則の緩和など、企業側にとって一方的に有利な内容であったため、反発は当然であった。

日本労働弁護団は、１９９４年以来たびたび労働契約法制について積極的な提言をおこない、「２００５年労働契約立法宣言」という独自案を発表した。それは、これまで判例法理で争われた労使紛争を実定法によって解決しようとするものであり、適切な就業規則がない職場の労働者に対しても民法（実定法）によって保護しようとする画期的なものであった。いずれにせよ、日本労働弁護団の独自案のようなものが、日本の労使関係の現状から望みうる現実的な一つの方向性であるように思える。[*11]

労働契約法の成立に伴い、労働代表制のあり方についても議論されはじめた。２００７年に『季刊 労働法』（春季号）において「労働者代表制度の再設計」という特集が組まれ、濱口桂一郎『新しい労働社会』（濱口 ２００９）などにおいても「新しい労使協議制」の必要性が指摘された。濱口は「現在の企業別組合をベースに正社員も非正規労働者もすべての労働者が加入する代表組織を構築していくことが唯一の可能性であるように思われます」と述べている（濱口 ２００９、１８７ページ）。正規労働者中心の従来型の企業や労働組合がこうした方向性に踏み出すためにも、正規・非正規均等待遇の実現と「二重構造」の克服が併せて追求される必要がある。

本来的には、雇用の流動化や就業規則の弾力化自体は、不況にあえぎ産業構造の変化に対応しようとする圧倒的多数の中小業者などにとって必要なことである。しかし、傾いた経済構造が均《なら》されなければ、雇用の流動化は労働者にとって破滅的な結果をもたらす。現状の問題は、雇用の流動化が「二重構造」を前提にしたままおこなわれていることにある。フラットな構造をもつ労働市場であれば、雇用の流動化も北欧諸国と同じようにさほど懸念材料とはならない。普遍主義的な賃金制度のためには、社会的な規制のこうした枠組みが必要である。

社会保障制度をどうするか

一元的で普遍的な制度のもとで人々は初めて、その制度の拡充による自己の利益が他者の利益と一致するようになる。退職後の生活を支える収入が基礎年金だけといった下位所得層を経済的に包摂するには、制度自体の抜本的な改革が必要である。十分な退職後の所得保障を下位所得層にまで押し広げるためには、社会保障制度を普遍主義的な制度へと改めねばならない。

年金制度については、厚生年金と国民年金の区別を解消し、職域を基礎にした現在の保険制度から一元的な税制度へ移行すべきである。それによって、誰もが十分な最低限の給付を受けられるようにし、それ以上の年金は私的年金として民間の制度で補うようにすべきである。

介護保険制度、育児政策については、民間業者への業務委託を主とした現在のものから、公的な制度へと切り替え、介護士・保育士の給与を大幅に引き上げることを求めるべきである。彼らがより尊厳をもって処遇され、それにふさわしい社会的地位を占めることが必要である。

財界の戦略は、①賃金を抑え、②減税をおこない、③社会保障給付を削減するというものである。しかし論理的に考えれば、①賃金抑制と②減税は社会保障財政を悪化させ、その結果、③が必要となるが、①と③が重なると国民は生きていけない。保険料の引き上げも国庫負担の増加のためにも、結局はそれを支払う賃金の引き上げが必要である。賃金を上げ、担税能力のある所得層に課税強化することによって社会保障制度を維持し、下位所得層にも十分な金額を支給する以外に、論理的には打開策はない。

経済学者の野口悠紀雄は、年金財政の破綻を解決する方法として、①給付を毎年0・9％引き下げるマクロ経済スライド、②年金支給開始年齢の引き上げ、③実質賃金の1・5％以上の引き上げ、の3つを挙げている。③について野口は「実質賃金上昇率が1・5％を上回れば、年金財政は破綻しません。ただし、これまでの日本経済の実情と比較すれば、これを実現するのは容易ではありません。このためには（中略）日本経済の生産性が高まらなくてはなりません」と付け加えている。つまりこの場合の賃金引き上げは、労働者が付加価値をより多く生み出した場合にのみ可能という、厳しい条件つきである。しかしこの数十年間、企業収益が回復する局面が生まれても、賃金は回復しなかった。大きく言えば、賃金の伸びは経済成長率つまり経済全体の付加価値の増加率を下回る事態が続いているのである。野口の主張は、生産性と賃金の関連が寸断されている実態を無視した議論である。[*12]

現行の保険方式の社会保障を維持するためには、保険料率を大幅に引き上げなければならない。ましてや大多数の国民に十分な額の年金を支給しようとすれば、その引き上げ幅は途方もなく巨額となる。雇用の流動化、非正規化によって、まともな賃金が支払われる領域はますます狭まっている以上、社会保障財源を拡大するためには、少なくとも社会保障の保険料方式から累進所得税・法人税を土台にした税方式への移行という大きな転換が必要と言うことができる。[*13]

註

〈＊1〉これは、「モノは安いが、サービスと住居費は高い」という、「ボーモル効果」と言われるものである。アメリカの経済学者ウィリアム・ボーモルが主張した理論で、「コスト病」(cost disease)とも呼ばれる。ボーモルは、コスト病は「生産性上昇部門」と「生産性停滞部門」との生産性の部門間格差によって生まれると考えた。自動車生産など製造業部門は機械化によって絶えず生産性が上昇し、価格が相対的に安くなるが、医療、教育、芸術といった部門は機械化が難しいため、労働集約的で生産性の上昇がほとんどあるいは全く見られない。そのため後者のような「生産性停滞部門」は相対的に高コストとなり、したがって家計のそれらへの支出の割合は増加する。「コスト上昇部門のグループの製品は、生産過程が容易には機械化できず、一般的に手作業が多く、労働を削減しにくい」(Baumol 2012, p. 19)。コスト病の部門には医療、教育、保険、芸術、文化、司法、福祉、郵便、衛生、修理、飲食店等がある。詳しくは本田(２０１６)第3章を参照。

〈＊2〉電産とは、戦後の日本発送電と電力九社の労働組合（日本電気産業労働組合協議会）である。敗戦直後、日本には、軍需産業の市場喪失と大量解雇、賠償撤去を恐れての大企業の生産停止、軍人の復員および在外邦人の帰国などが相俟って、1400万人とも言われる失業者が存在した。戦前・戦中、弾圧の対象であった労働運動は、戦争経済の崩壊、敗戦による経営陣の崩壊と「経営民主化」のうねり、GHQ（連合国軍最高司令官総司令部）の政策的支持のもとで活動を開始した。国労、全逓など官業労組と並んで電産が当初組合運動を主導したのは、主要民間産業が賠償撤去を恐れて生産を抑制した時期に日本発送電および九電力が半官半民企業として生産を再開できたことや、高学歴の優秀な労働者を集めて組合を組織したためであったと言われる。彼らは、戦後インフレによる生活状況の悪化を跳ね返すべくこのような賃金体系を要求した。電産型賃金の内容および戦後日本の賃金制度の変遷については、ゴードン（2012）：河西（2015）：小池（2015）：田口（2017）を参照。

〈＊3〉1946年8月19日に発足した産別会議は、産業別単一組織という組織方針を提起しつつも、その内実は、統一的労働協約を締結することに主眼を置かず、事実上、個別企業と単組の協約締結を認める傾向が強かったと言われる（吉村 1977）。

〈＊4〉「男女同一」というのも電産型が戦時中の賃金体系から受け継いだ特徴とされることがある。確かに戦時中は業務上死亡した従業員の妻や子が採用されるケースがあった（小池 2015、83ページ）。戦後、一般家庭はシロモノ家電の普及以前で、圧倒的多数が主婦および家政婦の手でどうにか家事をこなしていた時代で、職場のほとんどが男性労働者であった。そのため電産型といえども、共働きを想定したものではなく、実態的には男性社員への家族賃金の支給というジェンダー差別的な効果をもつものであったことは否めない。

〈＊5〉「規模別賃金格差の上下運動は、分断的労働市場が存続するかぎり、今後も継続して繰り返されるであろう。しかし、その一方では、技術体系の急激かつ大企業偏在的な変化、労働の無制限的供給の再来、企業もしくは産業組織の根本的な変革などに起因する労働市場の深刻かつ大幅な構造変動が訪れないかぎり、1920年代後半や1950年代末期のような灰色で陰鬱な『二重構造の時代』が再来することは恐らくないであろう」（尾高 1984、287ページ）

〈＊6〉香西泰は、二重構造は高度成長とともに解体したとして、1980年の著書で次のように書いている。「石橋・池田内閣は、日本経済の伝統的な体質である二重構造を解消し、近代的な完全雇用を実現するために、成長政策を採用した。知識人の世界では『高度成長は二重構造を利用し、かつこれを再生産しつつ進められるものであるから、高度成長にかかわらず日本資本主義は近代化しない』とするマルクス主義者の見解が、はじめは有力であった。これに対して近代化説が力を得たのは1960年前後のことである。そして高度成長による二重経済構造解体の実績が、近代化説の優位を決定づけた」（香西 2001、269～270ページ）

〈＊7〉規模別賃金格差についての最近の研究として、深尾ほか（2014）がある。深尾らは「1975年から1990年代前半までは景気循環に応じて拡大・縮小しつつ、約1・7～1・8倍の範囲に収まっている。一方、2000年代には大幅に縮小したが、これは大企業におけるパートタイム労働者の増加による影響が大きいと考えられる」と分析している。

〈＊8〉女性の職場進出は、家族賃金という電産型の根幹と鋭く矛盾する。同一職場であろうとそうでなかろうと、電産型の場合、結婚した男女両方がそのまま就労を続けると、一家族が二家族分の生活給を受け取ることになる。家族手当など諸手当の重複分を削っても、基本給の割合が大きいので、賃金カーブはともに年功で上昇する。その面からも企業は女性労働を排除しようとする。女性労働者の結婚退社は慣行として、多くの企業で現在もなおおこなわれている。

〈＊9〉そもそも社会保障制度審議会の前身とも言える社会保険制度調査会では、保険主義ではない、より普遍的な社会保障制度の確立が模索されていた。しかし、議論の末、1950年の社会保障制度審議会「社会保障制度に関する勧告」（いわゆる「50年勧告」）は、自営業、農業の大部分を除き、保険方式という労働者の支払い能力に依存した制度を提示した。「社会保険制度調査会では、イギリスの『ベヴァリッジ勧告』等、西欧諸国の社会保障制度を参考として、新憲法で掲げられた生存権に立脚した普遍的な社会保障の確立が追求されたが、やがて社会保障制度審議会へと議論の場が移ると、それ以上の検討がなされることはなく、選別主義の要素を取り入れた『50年勧告』へと収斂される形で落ち着いている。すなわち、この時点で、社会保障における普遍主義から選別主義への理念転換が起こったわけである」（石岡 2014）

〈＊10〉家計支出に占める教育費の割合は今日ほど大きくなかったので、賃金を論じるにあたってそれらは基本給以外の付加給付によって多少埋め合わせる程度に位置づけられたにすぎない（山本 1959、22ページ）。また戦後の日本の住宅政策は持ち家促進中心で、借家に対する支援が小さかった（平山 2009）。

〈＊11〉成立した労働契約法はこの案とかけ離れたものであったが、それにもかかわらず、日本労働弁護団はこの労働契約法の成立に一定の評価を与えた。この事情は複雑であるが、同法が労働契約を結ぶ際の労使の合意原則を明示した点や、第3条2項「労働契約は、労働者及び使用者が、就業の実態に応じて、均衡を考慮しつつ締結し、又は変更すべきものとする」との規定がパート労働や非正規労働などに対する不合理な差別待遇を「均衡」に反するものとして防ぐ根拠となりうることなどを重視したためとされる。日本労働弁護団はこのような法律の拡張によっていわば全国的な労働協約と同様の効果を得る可能性を模索したものと推察される。

〈＊12〉政府の「働き方改革」では、「過去最高の企業収益を継続的に賃上げに確実につなげ、近年低下傾向にある労働分配率を上昇させ、経済の好循環をさらに確実にすることにより総雇用者所得を増加させていく」と述べられ、さらに「賃上げに積極的な企業等を後押しする」として、政府は賃上げに積極的な事業者を税額控除の拡充により後押しするとしている（「働き方改革実行計画」２０１７年3月28日）。しかし減税は具体的だが、労働分配率や雇用者所得を引き上げる方策については内容がない。

〈＊13〉民主党政権の頃のいわゆる「三党合意」（２０１２年6月）以来、「税と社会保障の一体改革」の名のもとで、社会保障制度改革は財源の安定とのみ抱き合わせで議論されてきた。このことは、社会保障のあり方が雇用や賃金と制度的に密接に関わっていることを軽視する傾向を助長し、社会保障制度改革の議論を閉塞状況に追い込むものであった。

第5章　日本の財政と金融をどうするか

現在の日本の経済政策は、大企業のための財政金融の超緩和政策と、一般庶民・労働者に対する緊縮政策の組み合わせ（ポリシーミックス）である。ではその対案として、どのような経済政策が考えられるであろうか。

日本の財政における社会保障関連支出（社会的支出）の割合は、他の先進諸国と比べても低い。この比率を引き上げることは、社会保障政策の拡充だけでなく賃金の安定にも重要であるが、しかしそれはどのような方法で可能であろうか。

本章では、現在の日本の財政と金融の争点を検討し、社会的支出の問題を中心に経済政策のあり方について考察したい。

1　財政政策

政府の財政赤字削減論

国と地方の長期債務残高は、２０１８年度末で国が９１５兆円、地方が１９２兆円、両方で１２０７兆円、ＧＤＰ比で１９６％に及ぶ。現在の政府は、この膨れあがった公的債務を国民の負担で処理することが必要だと考えている。その議論の柱は、第一に公的債務の原因が社会保障給付の過大な増加にあること、第二に消費税が税収を増やす対策として最も適していること、この2つである。第二の問題については補論に譲ることにして、ここではまず第一について見てみよう。

その最も中核をなす議論の発信源は、「財政制度等審議会」である。その報告書には、「高齢化の進展に伴い社会保障給付が増加し続けており、高齢者ほど給付の公的負担の割合が高い制度設計とあいまって、特例公債を通じて将来世代に負担を先送りし続けており、これが財政収支赤字の最大の要因となっている」といった一文があり、財政赤字の原因が社会保障の給付面にあり、特に高齢者への給付がその最たるものであるという見方が示されている（「財政健全化に向けた基本的考え方」２０１４年5月30日）。

この議論のポイントは、膨れ上がった財政赤字の原因を社会保障支出の伸びに絞り込み、その削減こそが解決策であるという結論に導く点にある。

図表5－1　社会保障財源の項目別推移（1951-2016年）

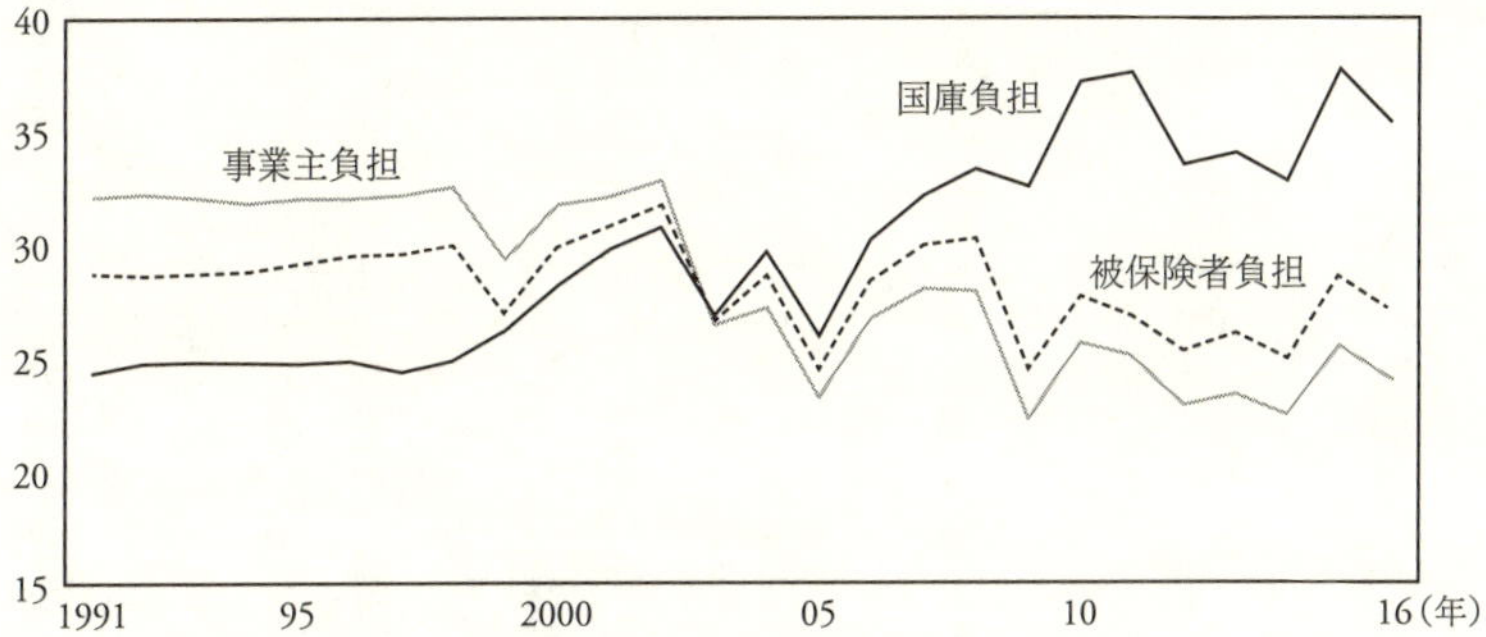

（出所）国立社会保障・人口問題研究所「社会保障費用統計」（2016年度）より作成。

しかし、こうした社会保障給付原因論には大きな問題がある。1点目は、財政赤字の原因の認識についてである。

現在の社会保障財政を維持するために、莫大な国庫負担が必要となっている。確かに社会保障財源に占める国庫負担の割合は、バブル後の25％程度の水準から、現在35％を上回るまでに上昇し、バブル後の20兆円前後の水準から、2016年度の48兆円へと約2・5倍になっている。

しかし社会保障関係費の増加の原因は、社会保障給付の増大よりも、社会保険料収入の低迷にあり、さらにその根底には従業員の賃金・給与の低迷がある。[*1] 図表5－1に見られるように、国庫負担が増大しはじめたのは1990年代末以降であるが、その最も大きな要因は事業主負担の割合が大幅に落ち込んだことにある。事業主負担は、バブル経済崩壊後も2002年までは32％程度を維持していたが、その後2000年代初頭、被保険者負担と並ぶまでに低下し、2004年度からは被保険者負担を下回り、現在25％を下回るまでになっている。被保険者負担はバブル後の30％弱の水準から、現在は27％程度まで低下している。実額で見ると、90年代半ば以降15年間に、給付総額は85兆円から１１０兆円へと増加したのに対して、事業主負担はほぼ28兆円前後で足踏み状態を続け、被保険者負担は25兆円から30兆円まで増加した。[*2]

問題の背景には、企業が社会保障から逃れ、十分な雇用者報酬を支払っていないことがある。一世帯当たり所得は１９９０年代半ばをピークに減少に転じた。それによる保険料収入の減少が、支出を上回ったことが、社会保障財政悪化の原因である。その意味で、社会保障財政の悪化、国庫負担割合の拡大は、長期停滞のもとでの企業行動と結びついていると言える。[*3]

企業は社会保険料負担を削減しているだけでなく、法人税の支払いも抑え込んでいる。一般会計で、税収はこの10年ほどの間大幅に改善傾向にあり、１９９０年の60・1兆円から２００９年の39兆円まで下落したのが、その後２０１８年の59兆円まで回復している。内訳で言うと、所得税と法人税がそれぞれ１９９１年に27兆円、17兆円であったものが、２００９年に13兆円、６兆円まで落ち込み、その後２０１８年に19兆円、12兆円まで回復した。しかし現在でも、１９９１年比で見ると、所得税は７・７兆円、法人税は４・４兆円、計12兆円ほど下回っている。これを補ったものが消費税であり、消費税は１９９１年の５兆円から２０１８年の17・６兆円へと伸びた。

一般会計の税収減をすでにこのように消費税で補っておきながら、さらに社会保障給付を削減すれば、財政逼迫のしわ寄せを一方的に庶民に押しつけることになる。財政制度等審議会の議論はさしあたり高齢者の医療費をターゲットにしているようであるが、それを実際に負担しているのは往々に、実際に高齢者を介護する現役世帯でもある。社会保障給付を削減せよという財政制度等審議会の主張は、問題を見る視野を社会保障の歳入と歳出に狭く限定し、社会保障財政悪化の根源（雇用と賃金の領域）に目をふさぎ、結果として、企業の社会保障からの撤退戦略を不問に付すものである。社会保障費削減や消費増税で財政危機に対処することは、問題をさらに悪化させることになるであろう。

財政制度等審議会の見方の第二の問題は、この主張が国庫負担の増加それ自体を否定的に捉えているという点である。そもそも国庫負担の割合だけからすると、この数年だけを見ても、日本やアメリカは25％前後の水準であるが、ドイツは30％前後、イギリスは30％台後半、フランスは40％であり、スウェーデンに至っては50％と日本の倍である。つまり、社会保障支出の高い国は国庫負担率が高い。

これからの新しい福祉社会を構想するためには、強い所得再分配政策が必要であり、したがって社会保障支出の国庫負担率が上昇することは不可避である。財政制度等審議会は財政赤字削減と社会保障支出削減を結びつけることで、そうしたことに考えが及ばないパターン認識を植えつけるものである。財政赤字削減の必要から社会保障給付の削減に一足飛びに行けば、あとは福祉社会を放棄するという結論までは地続きだからである。

財政赤字と「現代貨幣理論」――リベラル派の悲観論と楽観論

財政赤字そのものについてはどのように考えればよいであろうか。この問題については、リベラル派、左派の間でも意見の隔たりがある。

政府の主たる財源は租税、公債、および通貨発行である。日本はこの間、法人税や所得税という直接税の税率を引き下げ、その分を消費税と公債によって調達してきた。大きく見れば、大企業や富裕層といった経済の上層には緩和政策の大盤ぶるまいを、下層には緊縮をである。またさらに、膨れ上がった債務自体が、社会保障を削減して庶民に負担を受け入れさせる説得材料ともなる。つまり、低成長と公的債務、社会保障の削減が、自己充足的な累積的因果関係をもって相互に強まりつつある。アメリカや日本という新自由主義の風潮の強い国で、目立って財政赤字が拡大する現象は、この意味で偶然ではない。

財政支出はどのような役割を果たしているであろうか。それは第一に、納税者の負担によって公共事業や補助金支出をおこない、企業の収益の嵩上《かさ》げを図っているということである。また現在のような長期停滞のもとでは、公債は富裕層や大企業、金融機関の保有する過剰な資金の運用先として機能している。その意味で財政赤字と経済停滞とがバランスを保っている。過剰な資金が市場に滞留しているため、財政赤字をこれだけ出しても国債は暴落せず、金利も上昇しない。実体経済が冷え込んでいて投資が伸びないので、物価も上がらない。しかしこうした均衡の上で毎年、10兆円近くもの金が納税者から公債保有者に流れる仕組みが維持されている。つまり財政赤字は、収益低迷にあえぐ企業部門に対する庶民負担による鎮痛剤であり、国民からすれば、この機能が社会保障支出の拡充を圧迫していると言える。

第二に、公的債務が大きくなると財政の硬直化を生み、裁量的な財政政策の余地を狭める。最低限の社会保障や公共事業など景気刺激のための財源がなくなると、経済システムは不安定化し、経済成長にますますブレーキがかかる。現在の日本の財政赤字は、短期的には、国債の償還と市中消化のための莫大な資金を市場から吸い上げることによって市場を圧迫し、政策的裁量の余地を狭める。毎年の債務償還費は14兆円、利払い費は9兆円であり、財政の4分の1近くを占める。国民へのいっそうのしわ寄せは社会的反発を招くので、その限りで支配層の側からも財政再建論が浮上する。また国民の側から見ても、財政赤字は安定した社会保障財源の確保を困難にし、国民を債務返済に縛りつけるものであるため、財政赤字の削減は必要となる。

これらの意味において今日、市中消化されている財政赤字の削減を主張する赤字悲観論は正しいと言える。私は既発の国債はさしあたり、日銀が金利の付かない超長期のゼロクーポン債に置き換えて保有し、企業と個人の高額資産に対する課税によって徐々に削減する方向に向かうべきと考える。

財政の問題は、単に歳入が歳出に追いつかないという問題だけではない。赤字の規模だけでなく、それが国民の経済的ニーズに向けて用いられていないことにもある。従来の大企業向けの支出を見直し、公的な低利融資によって生活基盤関連に資金供給すること、つまり国民に向けた財政緩和は必要である。したがって、赤字削減一辺倒ではなく、すでに述べたように、社会支出の割合は引き上げるべきであり、社会保障の国庫負担率はまだまだ高くなってよい。

その際の問題は、財政赤字からくるインフレの問題をどう考えるかであるが、私は、財政赤字がインフレに結びつく可能性は、現代の資本主義経済においてはかなりの程度低いと考えており、その点で財政赤字悲観論とは意見が異なる。

今日の先進諸国の経済には、インフレが起きるような供給面での制約（ボトルネック）がきわめて低い。今日、先進諸国で公的債務のGDP比がこれほどまでに上昇しても、なお物価がそれほど上がらない理由にはこのことがある。今日の先進諸国の景気後退は、主に金融的な分野で発生したものが実体経済に波及するという経路で起こっており、その逆ではない。もちろんその基礎には慢性的な需要の低迷がある。現在の国民生活の状態を改善するために拡張的な財政・金融政策を活用することは、ナショナルミニマムのための財とサービスの安定供給の確保と併せておこなうことができれば、不可能ではない。

では財政赤字楽観論はどうであろうか。楽観論の根拠の一つに、日本の国債のほとんどが国内投資家によって保有されており、債務に見合う以上の政府保有資産があり、万が一のときにはそれらを動員できるという見方がある。確かに政府の保有資産のうち換金性の資産がある程度あることは事実であるが、保有資産のすべてがそうではないという政府の言い分は間違いではない。仮にそれらを市場に放出した場合、金利上昇は避けられず、金利上昇局面で、国債を償還しつつ借り入れることのリスクは大きい。それが高インフレを伴わない場合でも、金利支払いの上昇だけでも耐えがたい負担となるであろう。金利上昇は実体経済をさらに毀損《きそん》し、国民の多くに被害が及ぶことは避けられない。したがって財政赤字の削減に向かうことはやはり必要である。この問題は、国債の借り換えが続くかぎりつきまとう。その意味で楽観論には問題がある。

最近話題となっている「現代貨幣理論」（modern monetary theory）に関わる政府紙幣あるいは通貨発行益の利用の問題はどうか。確かに国債市場を通さない日銀の直接引き受けによる通貨発行であれば、こうした問題はクリアできる。しかし問題は複雑であり、この方法によっても、既存の銀行部門を通じた市場への資金供給のルートで通貨供給量を拡大しようとすれば、それは今日の金融緩和策が効果をもたないのと全く同じ理由で投資需要の低迷という壁にぶち当たり、経済を刺激することはないであろう。またさらに発行した通貨で株式市場を支えることを続ければ、市場の歪みはより深刻となりうる。したがって、現在の大企業寄りの政策運営を続けるかぎり、通貨発行の拡大と経済停滞とがイタチごっこのように続き、結果的に経済全体のリスクを高めるであろう。この場合、金利の上昇が始まれば経済停滞はよりいっそう深刻化する可能性もある。

けれども、この直接的な通貨発行という手段をまともな政府が国民のために慎重に用いるならば、ある程度の効果は期待できると考えられる。つまり、政策目標をこれまでとは全く異なる、国民の所得保障と生活インフラ、社会保障の拡充を目的としたものにすることができれば、また為替相場が貿易相手国に不当に不利益を与える近隣窮乏化的なものにならないよう配慮するといった条件が満たされれば、直接的な通貨発行の拡大の余地はある。このように考えうる根拠もまた、経済がインフレを起こしにくいほどに高い生産性を潜在的にもっていることにある。具体的には、第1章で見た、現在の経済が低い水準の投資と設備稼働率で維持されている事実が日本にも当てはまるからである。もちろんそのようだとしても、この方法での財源調達の規模がどの程度可能かは慎重に見極めねばならない。したがってこの問題は、貨幣一般と同様に、すぐれて政府に対する信任の問題に行き着く[*4]。

現代貨幣理論には一定の合理性があり、国民に対する緊縮政策を批判する脈絡で主張されるかぎり誤りではないが、既存のルーズな財政政策を継続する手段あるいは口実となってはならない。また、その主張は、金融政策の波及経路を含めて具体的に展開される必要がある。そのことを以下で考えてみることにする。

2　代替的な財政・金融政策

民主的な代替政策の可能性

まず財政政策について、中長期的な経済政策がどのようなものであるべきかを並べると、次のようになる。

第一に、財政の歳出面である。従来型の公共事業、地方財政、軍事支出のあり方を抜本的に見直し、経済的資源を基礎的な生活のための財とサービスの生産、および環境保護に重点的に集中する。高等教育を含む教育の無償化を実現し、医療、ケア（介護・育児）、住居など生活密着型の活動に対して低利の貸付をおこなう（国民に向けた緩和政策）。それによって、大多数の国民が十分に豊かに暮らすことができる基盤をつくる。

高等教育を無償化し、育児・介護を公的な制度に組み替えていくうえで必要な歳出をざっと計算してみよう。高等教育の無償化について、現在、大学の学生総数は280万人であるが、彼らに100万円の学費を給付すると、2兆8000億円が必要である。進学率の上昇と設備拡充のための必要を考慮しても、必要な財源の規模は5兆円であろう。さらに現在、介護の職員数は、訪問介護員46万人、介護施設職員122万人、計168万人で、報酬として約4兆円が支払われている。一人当たり単純計算すれば290万円である。保育士は約40万人で、平均年収は300万円程度である。介護・保育士の年収を500万円に引き上げ、人数を1・5倍化（プラス100万人）するためには、追加的に約10兆円必要である。したがって教育とケアで約15兆円が必要である。

15兆円とはどれくらいの規模か。現在の国の予算では、公共事業費は6兆円、地方交付税交付金は17兆円あって、さらにそれとは別に国庫支出金が15兆円あり、地方債が10兆円規模である。さらに軍事予算が5兆円以上ある。これらのすべてを高等教育とケアに用いることは無論できないが、そのある程度の部分を用いただけでも、上記の政策は可能である。これによって国民生活の負担は大きく緩和され、さらに消費需要の拡大も見込めるであろう。

国の財政は、地方経済の再生と合わせて、分散型の社会をつくるうえで必要である。若い母親たちが「保育園落ちた」と声を上げたことで、待機児童の問題がクローズアップされたが、では都心に保育園をたくさんつくればよいかというと、そうではない。やはり地方でも暮らせるようでなければならない。所得が地方に分散するとともに、地方に生活インフラがなければ、本格的な地方再生は進まない。

こうした政策の結果、社会支出が大幅に引き上げられ、国庫負担の割合が増加する場合があるかもしれない。しかし財政負担が社会保障を抑える口実となってはならない。日本の社会支出の割合はアメリカと並んで、国際比較で見て低い。社会支出の割合を国際比較（対ＧＤＰ比）で見ると、日本は22％、アメリカは19％であるのに対し、ドイツ、スウェーデンは27％、フランスは32％である。この問題については、われわれは歴史に立ち返る必要がある。第1章の図表1－4をもう一度見ていただきたいが、欧米、日本を問わず、社会保障の拡充期は戦間期と戦後であり、それは先進諸国において今日以上に財政赤字の割合が高いときであった。財政的な余裕が社会保障を実現したのではなく、その必要が生み出したのである。財政を国民生活の安定に用いるかぎり、必ず経済全体として見返りが得られるという確信を、ふたたび蘇らせる必要がある。そのためには、社会の決断と政治的な実行力が必要である。

課税の適正化

第二は、財政の歳入面での抜本的改革である。何よりも、所得税および法人税の累進性の強化を図ることが必要である。国と地方の公債残高については、法人および個人に対する資産課税の累進的強化および、現在非課税となっている内部留保に対する課税によって長期的に償還をおこない、次世代への負担の転嫁《てんか》を抑える。特に受取配当金の益金不算入制度の見直し、租税特別措置の廃止・縮小、企業によるタックスシェルター、タックスヘイブンの利用をやめさせることなどで、法人税を法定正味税率通りに納税させることが必要である。そのための国際的な租税条約の締結などのイニシアティブを取るべきである。

資産課税の問題を考えるうえで、フランスの経済学者トマ・ピケティの『21世紀の資本』(Piketty 2014) での主張は示唆的である。ピケティの議論を簡単に要約すると次のようになる。

欧米や日本で国民所得（フロー）の6～7倍の規模がある資産（実物と金融のストック）は、平均4％で運用されている。したがってこれに対する適切な課税によって、福祉国家（彼の言う「社会的国家」）を再建することができる。具体的には、純資産100～500万ユーロに1％、500万ユーロ以上に2％、10億ユーロ以上には5～10％といった水準が想定可能であるとピケティは言う。資産の肥大化とそれによる資本所得のGDP比の上昇は、格差拡大の要因であるとともに、経済問題解決のための糸口でもあるという彼の論理は興味深い。

これを日本に当てはめるとどうなるであろうか。ピケティによると、日本の国民所得に対する民間資産の割合は、戦後の約3倍から現在では6～7倍になっている。国民所得の7倍の資産があるとして、それにたとえば1％の追加的な課税をおこなえば、年間GDP7％分の赤字が削減でき、GDP比200％の財政赤字も30年程度で返済可能というシミュレーションが成り立つ。こうすれば、民主的な財政再建論があながち無理でないことがわかる。

ピケティの議論に触発されて、アメリカでもノーベル経済学賞受賞者であるコロンビア大学のジョセフ・スティグリッツが、法人税率の引き上げ、資産課税、汚染者負担原則、金融取引税、タックスヘイブン（租税回避地）やループホール（課税の抜け穴）をふさぐといった、これまでアメリカの経済学者があまりふれなかった富裕者増税論を展開した。*5 こうした主張は日本にとっても有益な視点である。

代替的な民主的金融緩和

第三は金融政策である。金融政策はこれまで主として、銀行部門を通じた企業への資金供給のルートでおこなわれてきた。しかしこれは資本蓄積に対する需要が低下した現在、効果をもちにくいので、経済政策としては、国民の生活を直接支える所得保障、中小企業融資、教育、介護、育児などへの低利融資など、金融機関の採算ベースには必ずしも乗らないような貸出を、非営利的におこなうことが必要である。公債をさしあたり発行するとしても、それは後世代にも有益な目的に用いられるべきである。そのような意味で、拡張的な政策は、政府出資や公的金融機関を通じた融資などのルートでおこなうことが必要である。

金融政策の民主的な代替戦略のポイントは、家計や中小零細企業に向けては緩和政策、大企業や富裕層に対しては所得と資産への適正な課税をおこなうということである。その立脚点は、くり返しになるが、長期停滞のもとでも潜在的な物理的生産性が高い水準で存在していることである。付加価値で見た生産性と物理的な基準で見た生産性とは自ずと異なる。市場での競争関係に基づく付加価値の指標では経済的に無益であっても、市場と公的支援、社会的規制の両方の機能によって、国民生活を向上させるために役立つ分野は多くある。財政や金融に関わる機関がその社会的貢献によって評価されるインセンティブを組み込んだシステムが必要である。また、金融機関の投資の一定割合を社会・地域開発投資に向けることを義務づけ、その結果を一般に開示することも必要である。こうした新たな政策投資のために、地方自治体、消費者の代表を含めた協議機関の設置も必要である。

金融政策の重点を個人と中小企業への低金利融資に置いたとしても、先述のように、今日の日本の実体経済の潜在的供給力からすれば、経済の供給面からの物価上昇は起こりにくい。むしろ消費と投資需要の低迷が経済の体力を削《そ》いでいる。歴史的な低金利を利用して、教育、空き家・休耕地の活用、育児・介護施設の建設などのための低金利融資をおこなう。これらが金融機関にとって魅力のある融資先となるためには、併せて、ベーシックインカム型の所得保障によって国民の消費能力を支える必要がある。ベーシックインカムについては第7章で見ることにする。

註

〈＊1〉大阪経済大学の梅原英治は次のように指摘している。「社会保険料収入の低迷は従業員の賃金・給与総額の低迷の裏返しにほかならず、1990年代以降、保険料の掛け率が高められてきたことを考慮すると、社会保険料収入の低迷は賃金・給与総額の低迷が掛け率以上に大きかったことを物語る。それが1998年度から起こってきたのであり、社会保険給付とのギャップを拡大し、国費負担（社会保障関係費）を増大させてきた」（梅原 2011、244ページ）

〈＊2〉データは、国立社会保障・人口問題研究所「社会保障費用統計」（2016年度）による。

〈＊3〉賃金の引き下げが財政を圧迫している現状は隠しようがないので、そのことは財政タカ派の分析にも自ずと表れる。一例であるが、大和証券調査提言室長の鈴木準は、『エコノミスト』誌上で、年金財政に関する厚労省の試算が実際より高い賃金の伸びを前提にしていると批判している。現実的な想定を当てはめると、実質的な年金給付水準である「所得代替率」（平均手取り収入に対する年金受給開始時のモデル年金額）を引き下げねばならないと述べている。つまり、年金財政の悪化を招いている賃金の低い伸びは不問に付し、年金給付を引き下げなければならないと一直線に考えるのである（鈴木 2014）。それにしても、財政タカ派の人々が、さしたる理由も説明せず、大企業の賃金抑制政策には借りてきたネコのように従順にふるまうのはどういうわけか。「財政タカ派」とは半面で「賃金ネコ派」である。

〈＊4〉代替的な金融緩和策のあり方は、井上智洋が「国民中心の貨幣制度へ」として論じている。井上（2018）の第3章を参照。形態はどうであれ、企業を通じてではなく国民の生活に直接働きかける金融政策の抜本的な改革が必要である。

〈＊5〉スティグリッツはまた、「均衡財政乗数」という経済学の概念を用いて、財政の波及効果の低い項目から高い項目へ支出を切り替えることによって、財政赤字を増やすことなく成長率を高めることができるとも主張している。つまり「財政再建」（富裕者増税）と景気刺激は両立するというのである。こうした議論は日本の財政再建論にとってヒントとなる。

第6章 「ケアチェーン」とジェンダー

戦後日本で社会保障として制度的に整備された項目は、老齢年金、失業保険、医療保険、公的扶助、障がい者年金などであった。しかし戦後の社会保障制度の体系に十分に組み込まれず、その周縁にとどまった生活上のリスクがほかにもいくつかある。ケア（介護と育児）、高等教育、住宅はその大きなものと言える。今日の経済生活の問題の多くは、それらの費用の肥大化と関連している。高額の介護費用、大学学費、住宅費の負担が、雇用の不安定化と相俟って家計を圧迫している。社会はそれらに十分対処すべき制度を整備しきれていない。

本章では、第4章および第5章の議論を補うために、こうした問題を検討する。そのために「ケアチェーン」という社会学の概念を手がかりに、ケアの問題が社会保障に包摂されなかったのはなぜか、今後こうした領域をどのように制度に組み込むべきかについて考えてみたい。

1　「ケアチェーン」とは何か？

グローバル・ケアチェーン

「ケアチェーン」という重要な概念があるが、残念ながらあまり知られていない。この言葉は、20年近く前にアメリカのカリフォルニア大学バークリー校のアーリー・ホックシールドらが、国際的な移民労働とジェンダー格差の特徴を捉えて「グローバル・ケアチェーン」（global care chains）と名づけたものに由来する（Hochschild 2000）。簡単に言うと、ケア（介護と育児）を家族以外の外部の専門家、介護士や保育士に委ね、さらにその介護士や保育士が自分の家庭の介護や育児を外部の人に委ねるという、ケアのズレを指す。たとえばアメリカで、子どもをもつ女性が職場に出るために、メキシコからの移民女性にベビーシッターを依頼する。そのメキシコ人女性にも母国に残してきた子どもがおり、その子どもは祖母が面倒をみているといった関係である。*1

この例では、そのアメリカ人女性の職場進出はケアを外部化（家族以外の人に依存）することで成り立っているが、その先をたどれば、最終的にはメキシコの年老いた女性の無償の家内労働に行き着く。つまり先進国の女性の社会進出（ジェンダー平等）の起点が、メキシコ人女性の無償の家事労働にあるため、この関係の全体が皮肉なことにジェンダー・バイアス（社会的文化的性差別）に基づくものと言える。

そのアメリカ人女性が移民女性に依存せず、自宅で子育てをすればケアを外部化する必要はないが、あずける、つまりケアがズレることによって、アメリカ人女性とメキシコ移民女性にそれぞれ所得が発生する。女性の（男性もそうであるが）社会進出のためには、ある程度のケア労働の市場化あるいは外部化が必要となることは必然的である。また外部化のチェーン（連鎖）が経済的に成り立つためには、アメリカ人女性の賃金は、移民女性に支払う賃金に比べて当然大きくなければならない。アメリカとメキシコとの間には4〜6倍の賃金格差があるために、メキシコ人は不法にでも国境を越えてアメリカで働こうとする。つまりこの分業は、先進国と途上国との国際的な賃金格差が前提条件となっている。このようにグローバルなケアチェーンという視点で見ると、先進国の側だけで見えるものとは異なる物語が浮かび上がる。

ケアチェーンの形を選択する——ジェンダー平等の前提

では、このケアチェーンの理論を応用して、国内の介護・育児労働の問題を考えてみよう。たとえば、Aさんは老いた母を介護施設にあずけて保育士として働く。母を看る介護士Bさんの子どもはCさんが働く保育園に通っていて、そのCさんの子どもをDさんが保育士として受け持っている……。このようなケアチェーンが社会全体に広がる。これらの人々がケアを外部化せず、自分の親を介護し、自分の子どもを育てたとすれば、そこには何らの所得も発生しない。相互にケアを外部化することによって初めて、それぞれに所得が生まれる。ケアは専門家によって担われるので、その質も高まる可能性が高い。

多くの人々にとって働くことは生きがいであり、仕事を続けたいと考える。また、ケアのために職場を離れると復帰が難しく、キャリアをつないでいくためにも親を介護施設に入れ、子どもを保育園にあずけたいと考える。あるいは、生活の糧を得る必要からも、働きつづけねばならない場合もある。夫の賃金も十分でないし、介護費や保育費が高いこと自体も、働きつづけねばならない理由である。

こうした事情は多かれ少なかれ、施設を利用する人々にとって共通なものと言える。しかし、こうしたケアチェーンから離れて、自ら介護や育児をおこなわざるをえないケースがある。ケアを外部化することの費用があまりに高く、自分が働いてもそれを稼ぎ出すことができない、あるいは特別養護老人ホームなど公的施設に入所するには、それに必要とされる介護度に至っていない、施設の入所待機者が多いなどの理由で入所できず、やむをえず自宅でケアをする場合もある。あるいは介護や育児は家庭でおこなうべきという考え方でなされている場合もある。日本の介護離職者は、年間約10万人であり、介護をしながら仕事に就いている人は300万人とも言われる。

ケアを施設に任せるにせよ、家族内でおこなうにせよ、それがどの程度自主的な選択の結果であるのかが問題である。あずける、あずけないということが、どの程度主体的な選択としておこなわれているのか、このことを考える必要がある。本来のケアの分業のあり方は、男女の働き方、生活スタイルの全体を勘案し考えるべきであり、そのためにもまず男女がともにケアを担うことが可能な働き方が認められねばならない。残念ながら、日本でそれは特殊な就労構造、賃金構造によって厳しく阻まれていることは第4章で見た通りである。根本的にはここにメスを入れねばならない。男性の働き方が自由でなければ、女性の働き方も自由ではありえない。逆もまたそうである。こうした環境では、真の意味での主体的なケアの選択は成り立たない。したがってケアの問題は、働き方の問題と本来的に一体である。

短期的な政策を考える場合に、たとえば子どもを保育園に入れたい、親を介護施設に入所させたいが、それらの施設が不足しているというとき、その要求に応えて行政が施設を整備することが、現状の経済格差や働き方の歪みを追認するだけなのか、そうではないのかが大事なポイントである。さしあたりそのような施設を整備するとしても、長期的には、育児を自宅でおこなうことも選択できるし、保育施設も利用できるといった環境を整えることが必要である。

2　ケアの社会経済史

ケアはどのように「内部化」されていたか？——近代まで
日本でケアの外部化が普遍的に広がったのは戦後、さらには高度成長期以降であり、近代までの社会では、介護と育児は家族の内部でなされていた。しかもそれは多分に、下女など奉公人の助けで営まれていた。
江戸時代は高齢化が顕著に進んだ時代であったと言われる。東北学院大学の歴史学者、柳谷慶子によると、江戸時代には経済的生産性が高まり、身分・階層・地域・性別の違いを超えて寿命が伸びた。かつて「人生50年」と言われたが、実際には、疱瘡《ほうそう》（天然痘《とう》）などによる幼児期の死亡を除くと、20歳まで生き延びた者は60歳以上の余命をもてるようになった。*2 柳谷は、高齢化社会の問題は最近に始まったことではなく、むしろ江戸時代こその問題に直面した時代であると述べている。

士族階級においては一定の石高《こくだか》が退職後も支払われる年金のような制度が一部にあったが、農家では、老人にも身体が動くかぎり担うべき農業の様々な仕事があり、生活の糧を家族とともに分かち合うことができたため、年金制度のようなものは存在しなかった。介護も病気の手当ても家族のなかでおこなわれた。

年老いた親を家族内でどう介護し看取るかは大きな問題であった。儒教的な教義あるいは規範からすれば、夫婦がともに親の介護と看取りに関わるべきであるとされた。貝原益軒の『養生訓』などにはそのようにある。しかし益軒がそのように書かねばならなかったということは、実態が必ずしもそうでなかったことを物語るとも言える。財力のある上層の農民や武家では、雇用する奉公人、あるいは下男・下女らに、常時の付き添いや、食事、服薬、排泄の世話が任された。中世から近世初頭において、住み込み奉公人の総人口に占める割合は20％ほどもあり、奉公人をおく世帯は全体で半分近くに及んだという（斎藤 1987）。これらすべてがケア労働に従事したわけではもちろんないが、かなりの割合がそのために割かれたであろうと推察できる。

財力のない小経営や小農民以下はどうであったか。介護が長引くと仕事が制約され、家計を圧迫する。介護負担の重さが結婚難や離婚の原因となる。貧乏な家族の跡取り息子は、自分の家族をつくることができないまま老いを迎えるといった事態がしばしば見られた（柳谷 2011、102〜103ページ）。さらに下層の人々に至っては、「手養生」という言葉があるが、仕事の傍《かたわ》ら家族が介護し、医者に診せる金もないので、野に分け入って薬となりそうな草を探して煎じて飲ませ、屠殺場で家畜の血を分けてもらって煮詰めて飲ませるといった有様が文献にある（上原1976）。貧しい農家は、食えなくなれば子どもを年季奉公に出す、あるいは女衒《ぜげん》に売る。その児童労働のプールと搾取が、江戸時代の壮大なケアチェーンの土台となった。近代以前に家族単位でおこなわれたケアは、そのすべてが儒教の教えのようなものではなく、普遍的な貧困と債務、児童労働、虐待のチェーンによって補完されたものであった。

「女中の時代」の終焉と世帯構成の変化――戦後

尾高煌之助によれば、女性の奉公人はそもそも「下女」と呼ばれたが、大正デモクラシーのもとでその言葉が憚《はばか》られ、「女中」という呼称が用いられたという。女中は、さらに戦後「家政婦」と呼ばれるようになった。尾高は、奉公人の割合の高かった時代を「女中の時代」と呼び、それは近世から戦間期まで続き、戦後徐々に終焉を迎えたと述べている。1930年に被雇用者として働く女性のうち6人弱に1人は女中であったが、高度成長が終わった後の1975年にその数はわずか0・2％となった（尾高1989、139〜145ページ）。

尾高が言うように、「農村の余剰人口を基盤とする非熟練労働の供給」、つまり農家の「口減らし」のために子どもを奉公に出すことが徐々に減ったという事情が、「女中の時代」に終焉をもたらした。女中を必要としなくなったのは、それだけでなく、家庭電化製品の普及・低価格化による家事労働の劇的な合理化が、家内労働需要を減少させたためでもあろう。家事に人手が要らなくなったのである。これらのことが女中の必要性を減少させた。高度成長の末期には妻一人が家事の大半を担うようになり、1970年代には「専業主婦」という言葉が登場した（中村 2005、99ページ）

では、電化製品で合理化しうる類の家事はそうであったとしても、そうでないケア（介護と育児）はどうなったか。高齢者や子どもの世話は合理化されず、家庭のなかに残った。それは戦後の社会保障制度に十分には組み込まれなかった領域として、社会保障の周縁部に取り残され、相変わらず妻や家政婦の手によって担われた。しかしそれが戦後数十年間、可能であり、大きな社会問題とならなかったことにもまた理由がある。人口の半分近くが農家であり、世帯構成が今とは違って高齢者の割合が低く、世帯当たりの人数が多かったため、ケアを外部化する必要性が今よりもはるかに低かった。世帯の平均人員は1953年には5・0人であり、65歳以上の者を含む世帯は1986年には全世帯の26%であった。それが2015年には、それぞれ2・5人と47%となった。数十年間で劇的とも言える変化である（総務省「平成27年国民生活基礎調査」）。

戦後だけを見ても、このように家族の様相は大きく変貌を遂げたが、戦後社会保障制度ができる1950年代から60年代初頭は、まだその変化の端緒であり、当時は、介護・育児のかなりの部分は家族の内部的な機能としておこなわれえたのである。

3　私たちの時代が直面している問題

ケアは戦後の社会保障に十分には組み込まれなかった

戦後、女性の職場進出が強まるのは1970年代半ば以降である。女性の就業率を見ると、2001年の57・0%から2017年の67・4%へと大幅に上昇している(内閣府『男女共同参画白書 平成30年版』)。介護は老人ホーム、育児は保育園などが社会的に整備されたことによって、かなりの程度外部化が進んだ。しかし反面、その支払いのためにも現金収入が必要となり、女性の就労が必要となった。ケアのズレが連鎖的に広がり、そのズレが社会保障費を膨らませ、家計支出に占める教育費、育児、介護費用がこれによって増大した。これらの領域は野放図な市場化ではなく、社会保障によって普遍的にサービスが受けられるよう管理されるべきであったが、それが立ち遅れたのである。

介護 家計経済研究所の「在宅介護のお金とくらしについての調査」(2011年)によると、月々で在宅介護にかかる費用の平均は月6万9千円である。有料老人ホームは入居一時金として数十万円から数百万円(2000万円あるいはそれ以上というところもある)かかる場合があるが、最近は入居金のない施設も増えている。月額料金は、要介護度に応じて異なるが、家賃や食費を含め平均して20~25万円ほどである。

保育 住民税(具体的には市民税)所得割課税額を基準として計算され、月数千円から6万数千円までの幅がある。

教育 総務省によれば、一世帯当たり月収入に占める「教育関係費」の支出は4・9%である(総務省『平成28年度 家計調査』)。これはあくまで総世帯の平均であり、就学者を抱えている家庭だけをとればはるかに割合は高くなる。また、少し古い数字であるが、大学卒業までに各家庭が負担する平均的な教育費は、公立の幼稚園から高校まで在学し国立大学に進学した場合が約1000万円、それらがすべて私立の場合、約2300万円となる（文部科学省『平成21年度　文部科学白書』）。

住居　同じく総務省によれば、住居費は月収入の7・3%と、教育関係費を大幅に上回る。これも総世帯平均であり、持ち家のあるなしを問わず家計はきわめて高い負担を強いられている。*3 一般の家庭は多かれ少なかれこうした大口の支出項目を一つもしくは複数抱えており、高い住宅ローンや家賃を生涯払いつつ、子育てが終われば親の介護、親の介護が終われば自分自身や配偶者の介護といった支払いの大波をいくつも乗り越えねばならない。

これらと、すでに社会保障の保険料として支払っている料金とを合わせれば、現代の家計支出の大部分を占めているのは、社会化した、および社会化しそこねたサービスに対する支払いであることがわかる。私たちが戦後、多年にわたる経済成長にもかかわらず、生活のゆとりや豊かさを感じることができないのは、こうした肥大化した支出項目に日々苛《さいな》まれているためである。

現在、住宅金融公庫融資の打ち切りとともに民間銀行に大きくシフトした住宅ローン、学生支援機構の奨学金と銀行の就学ローン、消費者金融を上回るまでに残高が増大している銀行カードローンの問題が社会的にも注目されている。銀行は、商工業貸付の有望な投資先がないもとで、個人をターゲットとした融資を収益源としようと躍起《やっき》になっている。すでに2000年代以降、日本の家計貯蓄率はアメリカをも下回り、マイナスとなっている。このことは、年収だけではもはや家計のやりくりは難しく、資産の取り崩しが始まっていることを物語る。

ケア労働の社会化の必要性が顕著になったときには、すでに社会保障財政ではそれを制度化する「財源がない」という理由で、介護が別建ての保険制度として事後的につくられ、しかも民間施設を柱とするものになってしまった。このことは介護保険制度を複雑なものにし、制度運営を難しいものにしている。介護士の低賃金と人手不足、介護施設の不当な留保利益や倒産などが社会問題として頻繁に取り上げられるようになっているのはこのためと言える。ケアを公的な社会保障制度に組み込むことは急務である。

社会保障制度の設計において難しいのは、制度発足時の想定を超えて、必要とされる生活費の様々な費目が発生し、それらが高騰することである。医療費、交通費、通信費が高くなると、年金での生活は難しくなる。

さらに付け加えれば、個人や家庭ごとの個別性の強いリスクには制度的な手当が難しいという事情がある。公的扶助（生活保護制度）などは、受給者の働けない事情が個別的であるために、資格認定に幅が出る。自由な選択に基づくケアチェーンのためには、それぞれの措置基準が合理的でなければならないが、実際はそうではない。

地方自治体が抱える問題との関係

ケアや教育の設備は、地方自治体が自律的な生活の基盤となり、人口流出をくい止めるにあたって、きわめて重要な要素である。地方の若者は、雇用だけでなくケアや教育などの社会インフラのある大都市へ集中しようとするからである。

子どもを安心して大学まで進学させられる環境がなければ、若い人たちは地方にとどまれない。そのことは地方自治体もよく認識していて、多くの自治体が大学の誘致に奔走《ほんそう》してきた。近年ではそのように誘致した私立大学が経営難に陥ったために、自治体が交付金で公立化し、再生の努力を図っているところさえある。しかしそのような努力をしても、大学を卒業すればやはり雇用や社会的インフラのある都心部へと引き寄せられていく。地方活性化で、地方の特色を生かした町おこし、地域おこしをやって成功したところでも、多くはそうした再生の動きと雇用や社会的インフラの整備とがうまく結びついていない。

第4章で検討した日本の賃金と社会保障の不安定な関係と、本章で見たケアや教育などの社会的ニーズの個別性に対処するうえでも、「ベーシックインカム」という所得保障制度が役に立つと考えられる。そこで次章では、ベーシックインカムの問題を考えることにする。

註

〈＊1〉http://www.wikigender.org/wiki/global-care-chain/

〈＊2〉江戸時代の官僚や藩士は、藩によって違いはあるが70歳までは働くものとされ、80歳、90歳を過ぎても引退しない者がたくさんいた。長寿化は士族階級のみならず一般の農民にも及んだ。須田圭三の「飛騨国寺院過去帳」の研究によると、江戸時代後期の21歳以上の平均死亡年齢は、男性61・4歳、女性60・3歳で、51歳以上の人々の没年齢は70歳を超えていたという（柳谷　2011、8ページ）。

〈＊3〉日本の戦後の持ち家政策の問題は平山（2009）を参照。

第7章　ベーシックインカム——経済民主主義のために

ベーシックインカムについて、これまでの章で断片的にのみふれてきた。ではそもそもベーシックインカムとは何か。[*1] ベーシックインカムの古くからの研究者であるスペインのダニエル・ラベントスは次のように定義している。

「国家がその社会の成員もしくは認められた居住者に対して支払う所得であり、その支給にあたっては、受給者の稼得労働への従事の有無、資力水準、他の収入源の有無、同居者など家族構成を問わない」（Raventós 2007, p. 8）

つまりベーシックインカムとは、社会による、家計ではなく個人に対する直接的な所得保障であり、それは一時的な困窮期間ではなく、生涯にわたる恒常的な給付である。また、従来の生活保護や失業手当と異なり、求職活動や労働能力の有無を問わず、所得制限もなく無条件に支給される。その給付額の水準は、日本だとたとえば一人月額3万円から10万円、子どもは3万円から5万円程度などが考えられる。子どもへの支給が減額されるべきか、高齢者は増額されるべきかなどは検討の余地がある。*2

本章では、前章までに見た日本の賃金や社会保障の問題の解決策としてベーシックインカムがどのような役割を果たすか、それによってわれわれの働き方や社会保障のあり方はどのように変わるのか、さらに、ベーシックインカムを実現するためには何が必要か、財源はどうするかといった問題を考察する。*3

1　ベーシックインカムの現代的背景

「長期停滞」の時代の所得保障

ベーシックインカムという一見突飛《とっぴ》で、ある意味で「空想的」とも言える社会的給付制度が注目される理由は、何よりもまず、今日の経済が重い病状を示しはじめてきたからである。大きく言って次の2つがある。

第一は、国民生活の状態の悪化である。現在、日本経済は長期停滞の状態にある。1970年代に低成長期に入り、その後、輸出攻勢やバブル経済の時期を経て、90年代以降ふたたび停滞傾向が現れてきた。投資は伸びず、実質賃金は長期にわたり低落を続けている。

他の先進諸国同様、日本においても、技術革新の雇用破壊的な利用、グローバルな競争のもとでの在外生産の拡大といった要因から、まともな賃金水準の雇用がなくなりつつある。それによって、社会保障制度から取り残される人々がますます多くなりつつある。日本の政府と企業はこの長期停滞に、賃金の引き下げと雇用の非正規化、社会保障給付の引き下げや減税一辺倒で対応しようとしてきた。賃金の全般的抑制は経済全体の有効需要の不足を生み、それが企業の投資・雇用抑制との悪循環を生んでいる。

こうした状況に対して、ベーシックインカムは、経済的苦境に直面している下位所得層を直接に救済する役割を果たす。ベーシックインカムは、従来の賃金制度と異なり、個人が所得のすべてを賃金として企業から受け取るのではなく、その一部を社会から受け取るので、所得の部分的な社会化を意味する。その意味で、社会的な間接賃金である。ベーシックインカムは、溺れたときの救命ボートのような一時的で選別的な給付ではなく、いわば個々人が常にライフジャケットを着ているような状態に置く。雇用不安、老後不安に苛まれている多くの国民の最低限の生活を直接支えようとするものである。それによって労使関係と福祉国家のあり方を根本的に変える。

オクスフォード大学の経済学者アンドルー・グリンは次のように記している。「ベーシックインカムは福祉国家の要素を平等主義的な方向に鋳直《いなお》すことを含んでいる。これは特に福祉国家の支持者が守勢にまわっている苦しい状況において重要である。ベーシックインカムは現在の生活保護を超えて拡張されなければならない。ベーシックインカムは社会全体の優先事項に関して根本的な方向転換の可能性を提示している」(Glyn 2006, p.181)

また戦後日本の賃金体系は、正社員男性中心に家族賃金を支給し、年功制による賃金カーブをもつモデルを基準に成り立ってきた。同一労働同一賃金の観点からすれば大きな歪みをもったものであったことは、すでに見た通りである。戦後の完全雇用政策は、こうした歪みをもった賃金体系でも何とか大多数の労働者をそれに取り込みつつ、国民の生活水準を引き上げた。こうした賃金体系を制度的に補完したものが、企業別で管理された社会保障制度である。日本の社会保障制度は、職域を中心に賃金からの保険料の拠出で成り立つ制度であった。また失業給付や公的扶助は、就労への復帰を前提とし、したがって受給に際しては多かれ少なかれ厳格な審査が義務づけられている。

しかし今日、こうした賃金と社会保障の制度的な補完関係で守られる領域は徐々に狭まり、多くの国民がそれから排除されつつある。こうした賃金と社会保障の既存の制度に対して、ベーシックインカムには、給付に格差がなく、制度拡充がどの社会成員にとっても好ましいという制度上の特徴がある。オクスフォード大学ジーザスカレッジの政治学者、スチュワート・ホワイトは、相互的な配慮と尊敬を「民主的相互配慮」（democratic mutual regard）と呼び、そのような関係に基づく社会のためにベーシックミニマムを保障すべきであるという（White 2003）。この制度を拡張すれば、日本でのような傾斜構造をもつ賃金制度と社会保障制度は、自ずと普遍主義的に改造されざるをえない。個人の利益になることが社会全体の利益にもなるといった、利他的で互恵的な社会関係の基盤となるというのが、この場合の普遍主義に込められた意味である。

ベーシックインカムはテクノロジーを失業ではなく有給休暇に変える

第二に、人工知能（ＡＩ）などによる自動化技術の導入による雇用喪失、いわゆる「テクノロジー失業」、および熟練－非熟練労働者間の賃金格差の拡大が懸念されていることである。今後

10年から20年で、日本の職業の49%はコンピュータ化されるリスクがあるとの予想すらある（野村総合研究所２０１５）。[*4]

そもそも機械化あるいは技術革新は社会的分業のあり方を変えるが、それが賃金の抑制や失業の拡大に結びつくかどうかは、その技術導入がどの程度の付加価値を生むか、また他の産業の成長にどのような影響を与えるか、さらにその時代の所得分配に関する社会的規範意識がどのようなものであるかなど、その他諸々の条件に依存する。20世紀の高い経済成長率の時期には、技術革新が高い賃金と結びつき、新しい雇用を生み出した。ところが長期停滞のもとでは、それらの歯車がすべて逆に作動し、機械化によって職を失った人々がそれに代わる雇用を得ることを保障するものは何もない。現在の企業の機械化は、単に人手不足を補うためではなく、固定費としての賃金を抑え、収益性を高めることを主眼としており、さらには、賃金が下がっても機械化のスピードが止まらないといった状況がある。[*5]このような時代にあっては、企業の生産的投資の抑制と相俟って、技術革新が雇用を劣化させる可能性が強まる。これらが総じて雇用の安定とそれを前提に制度設計された社会保障の存立基盤を脅かすものであることは事実である。

しかし本来、技術革新に伴う生産性の上昇は、人類にとって潜在的には進歩であり、それが経済生活の向上に利用されないシステムのあり方を考える必要がある。技術革新が実質賃金の上昇や労働時間の短縮に向かう経路が失われていることが問題なのである。ドイツの起業家でベーシックインカムの提唱者、ゲッツ・ヴェルナーは次のように言う。「オートメーションは、禍福《かふく》の福であって、禍ではない。その影響が古いシステムではもはや受け入れられないとしても、オートメーションは甚大な成功の証なのだ。すなわち、古い社会福祉国家の源泉は労働であり、労働が貨幣と交換されたのである。今日、労働はテクノロジーの進歩によって過剰になりつつある。収益と利潤は、私たちの労働を機械に肩代わりされることによって生まれる。そこから正しい結論を導き出すことが、なぜそれほど難しいのだろうか？」（ヴェルナー２００７、１０３ページ）

ヴェルナーは、ドイツでは１９４８年から１９６５年までの間に生産性がほぼ３００％上昇し、１９７０年から95年までには２倍になったため、２６５０万人もの人々が稼得労働に専念しつづける必要はなく、技術的に実施可能なオートメーションの潜在能力を完全に発揮すれば、35％の失業率が常態となるであろうという専門家の試算を紹介している（１０４ページ）。

つまり社会は、所得の一部を賃金から切り離すことで、社会的生産性の上昇を、失業ではなく、労働時間の短縮に用いることができる。ベーシックインカムは、形を変えた有給休暇であると言える。

基本的社会権としてのベーシックインカム

このようにベーシックインカムは、労働と社会保障のあり方そのものを見直そうとするものであり、思想史的には、18世紀から19世紀のヨーロッパの社会主義にその直接的な淵源《えんげん》を求めることができる。歴史的に見れば、それは、18世紀の啓蒙思想家たちが唱えた自然権に含まれる生命・自由・財産・健康に関する権利を保障し、19世紀の労働運動が要求した「労働権」に代えて「労働と所得保障の分離」を要求し、さらに20世紀にワイマール憲法や日本国憲法に明記された

「生存権」を無条件に保障するものである。労働者の企業への依存を前提とする今日の社会保障に対しては、その一部を代替するものである。ヴェルナーは、「尊厳を持って自由に生きる権利が無条件であるなら、衣食住に対する権利も基本的な社会参加に対する権利も無条件でなければならない」（ヴェルナー２００９、64ページ）と述べているが、無条件的な給付は、基本権として確立されるべき生存権の基礎的な部分の最終的な実現形態である。こうした歴史的使命をもった制度が、すでに見た長期停滞やテクノロジー失業の脅威の高まりという今日的文脈での意義を付与され提唱されている。それがベーシックインカムである。

もう一つ別の角度から述べると、ベーシックインカムは20世紀の社会主義体制に対する批判的考察からも洞察を得ている。スターリン型社会主義は、ロシアの革命家レオン・トロツキーが特徴づけたように「従わざるもの食うべからず」であった。ベーシックインカムがあれば、国家が誤りを犯した場合でも、国民の生存権は無条件に保障される。「従わなくても食える」――これがベーシックインカムである。

ヴェルナーは、マルクスについても言及している。「マルクスの誤謬は、貨幣だけに目を向けるという虚偽意識が生産手段と資本の『私有』に起因すると彼が信じたことにある。歴史的な経験が証明したのは、国家あるいは他の大きな社会組織は、資本の使用に関してはどんな私企業よりもはるかに劣悪かつ非効率な決定を下したことである」（１７４～１７５ページ）

社会主義の思想は18世紀から19世紀に生まれ、当初は土地の公有制ないし分有制によるその収益の再分配を主張したため、社会主義を表すスローガンとして「私有財産の廃棄」が掲げられた。

その場合の財産とはすぐれて封建領主や教会のもつ土地を意味した。その後の産業資本主義段階においても、社会主義を特徴づけるうえで、所有のあり方が争点とされ、「生産手段の社会的所有」がそのスローガンとされた。しかし「生産手段の社会的所有」とはあくまで政策的手段を表す標語にすぎず、それによって生産をどのように組織し、所得をどのように分配するかは、将来の問題として先送りされた。その理論的欠落は、20世紀の社会主義を悩ませた一つの大きな理由となった。

ベーシックインカムはいわば目盛りのついた社会主義で、社会的合意によってその給付額を上げることが私的所有の制限を意味し、その給付に必要なかぎりで政府や自治体が生産を管理、あるいは生産手段を所有する。その意味で、伝統的に社会主義が掲げてきた共同性に基づく社会という将来ヴィジョンに、具体的な目標とあり方を付与することも、ベーシックインカムの課題である。

2　ベーシックインカムで経済生活はどうなるか？

働き方を根本から変える

たとえば一人月額3万円から10万円のベーシックインカムが無条件で給付されるようになると、生活にどのような変化が起こるであろうか。

まず私たちは、少なくとも不本意な、あるいは不当に賃金の低い労働に従事する必要は、かなりの程度なくなる。もちろんこの程度の給付では、仕事をすべて辞めるわけにはいかない。人間は最低限の生存だけでは満足できるものではない。より充実した生活を築くためにはさらにお金が必要である。しかしこれまで以上に仕事を選び、やりがいのある労働、社会的な意味のある労働、よりよい労働環境を選択することができるようになる。

労働者が職業をより自由に選択できるようになるため、社会的に有用な労働は高く評価され、そうでない労働は淘汰《とうた》される。伝統芸能などは低賃金でも続けることができる。ボランティア活動などもベーシックインカムがあれば続けることができる。一般庶民が投票権のみならず被選挙権をも行使しやすくなることで政治参加が促される（被選挙権の実質的保障）。また、介護など必要な労働には高い報酬が設定される。英『エコノミスト』誌の記者ライアン・エイヴェントはこうした点について、次のように書いている。「創造性豊かな人なら、ベーシックインカムの利用によって、生活できるだけの所得を稼ぐ必要から解放され、アート、音楽、工芸品やサービスを生み出すという社会的に価値のある（利益が出ないことが多いにしても）生活を維持できる。カフェを開店したりコンサルティングビジネスを始めたりしたい起業家も、当初は、あるいはずっと、諸経費を差し引いたら生活できない稼ぎかもしれなくても、ベーシックインカムに背中を押されて一歩を踏み出せるだろう」（Avent 2016, p.201）

資本主義は生産性を伸ばすことについては優れているが、必要でありつつも利潤を生み出さない財やサービス、あるいは公共性の高い分野の生産は不得手であり、さらに所得分配という点では致命的とも言える欠陥を持っている。ベーシックインカムはその欠点を社会的に是正する。

経営者にとっても大きなメリットがある

こうしたことのすべては、ベーシックインカムが労働者と資本家との間の非対称的な力関係を労働者側に有利に是正することと関連している。ベーシックインカムは、労働者の労働条件、労働と余暇の選択の幅を広げることによって、雇用主に対する労働者の交渉力を強める。したがって、雇用主の多くがベーシックインカムに対して強い忌避《きひ》感をもつことは避けられない。しかしそうした雇用主にとっても、自分自身と従業員の所得の一部が社会によって保障されることによって自由度が高まり、企業間関係における上位の企業に対して交渉力をもつことができる。日本に即して言えば、大企業と中小企業の格差という経済の「二重構造」是正の促進剤となる。

雇用調整が必要な場合でも、従来なら労働者を路頭に迷わせてはならないと無理に雇用と生産を維持せざるをえなかった雇用主が、ベーシックインカムがあることによって、直ちに労働者が食うに困ることがないため、労働節約的な機械を導入したり、雇用調整や業種転換をおこなう余地が広がる。つまり大陸ヨーロッパ型の「積極的労働市場政策」の基盤ができる。レヴィン＝ウォルドマンは、ベーシックインカムによって最低賃金部分を国が支給するようになると、資本家が支払う賃金は「効率性賃金」(efficiency wages)、すなわちよい労働者を確保するためのインセンティブとなる、均衡水準（相場）を超える高い賃金の性格を帯び、それが労働環境の改善や生産性の上昇という供給面での効果をもつと指摘している（Levin=Waldman 2018）。

先ほどのヴェルナーは、「ベーシックインカムによってようやく真の労働市場が成立するであろうし、企業内の雰囲気も変わるであろう。なぜなら、従業員が金銭的なプレッシャーを受けることもなくなるのと同様に、企業も社会福祉的な配慮から従業員の解雇を延期したり、見送ったりする必要がなくなるからである」と述べている（ヴェルナー2007、176ページ）。もちろん、ベーシックインカムによる保障が雇用削減に追いつかなければ、弊害のほうが大きい。したがって雇用保障が撤廃されてはならないことは言うまでもない。

また、雇用主は、ベーシックインカムがあることによって、ある程度賃金を抑えることができる。ベーシックインカムがあるため、労働環境が良好であれば、労働者は多少賃金が低くても働きつづけるであろう。失業手当の給付水準を引き上げ、給付期間を長くすることができれば、労働者の職業選択の自由度が広がるが、このことは経営者と労働者の双方にとって、労働市場の硬直性を取り除く意味で有益である。双方の適切な交渉力なしには健全な労働市場は成り立たない。こうして労働者の側の自発的な労働と、雇用主の側の自発的で多様な投資が結びつく。

さらに、ベーシックインカムの財源を累進的な所得税、法人税に求めるとすると、労務比率の高い中小零細企業のほうが大企業よりもその恩恵を受けやすい。

このようにベーシックインカムは、生産性、雇用の流動性を高め、結果として経営環境の変化に応じた柔軟な経済構造をつくり、究極的には、日本経済の「二重構造」を是正する。雇用調整が頻繁におこなわれ、無業状態があることが珍しくもなく、非難もされない、しかもそれらが苦痛でない経済社会、これがベーシックインカムの目指す新しい福祉社会である。

伝統的に労働運動が主張してきた「労働権」「完全雇用」の要求は、「意義のある労働を求める権利」「場合によっては働かない権利」に置き換わる。雇用主にとっては真の意味での「柔軟な労働市場」のもとで経済環境の変化への適応が可能となる。

ジェンダー平等――ケアチェーンを主体的に選択する

日本の賃金制度は男性正規労働者に家族賃金を給付する男性中心のモデルであった。またそれは大企業の従業員に手厚く、中小零細や非正規労働者にはそうではなかった。これに対し、ベーシックインカムは家族賃金を分散するので、男性が受け取っていた生活賃金は減額され、男性中心のモデルを是正する条件を広げる。企業はその減額の分もしくはそれ以上の税金を納める。男性に対するプレッシャーは減る。また、ベーシックインカムは男女無差別の給付であるので、女性の男性からの自立を促す。このようにして第4章で見たいわゆる「電産型賃金」に見られる因習的な賃金体系の改革を見通すことができる。

ベーシックインカムがあれば、男女とも、ケア（介護・育児）を自らおこなうか、外部化するかを自主的に選択しやすくなる。これまでは、ケアを自分でおこなうためには仕事を辞めねばならず、それはすなわち収入を失うことを意味した。しかしベーシックインカムは、働かなくても、生活保護を申請しなくても給付が得られる。女性が交渉力をもち、男女賃金格差が是正されれば、男性も初めて離職ないし休職してケアを選択することが実質的に可能になる。

女性へのベーシックインカムの給付は、経済的必要からやむをえず続けているような婚姻《こんいん》関係からの離脱を可能にする。ベーシックインカムによって、真に双方の合意に基づく婚姻の経済的条件を広げることができる。昼、スーパーのパートで働いているお母さんが、介護や育児に専念できる。あるいはケアを施設に任せて、働きに出ることができる。夜、子どもをおいてスナックに働きに出るシングルマザーが、昼の仕事だけで生活できるようになる。ベーシックインカムで経済全体の需要は下支えされるので、スーパーもスナックも売り上げは落ちず、経営者は従業員にまともな賃金を支払える。これがベーシックインカムである。

教　育

ベーシックインカムと教育無償化とを併せておこなうことによって、生涯学びながら生活する条件が大幅に保障される。失業しても、教育機関に長期に復帰できるというのは、すでにデンマークなど北欧諸国の福祉国家でおこなわれていることである。スウェーデンの大学の学生の平均年齢は28歳である。つまり30歳代の学生がキャンパスに当たり前のようにいる。それが高度な福祉国家の姿である。それは失業手当の給付期間が長く、支給水準が高いためであり、高等教育が基本的に無償であるからである。

現在の日本の教育制度は、20歳前後で就職先を見つけ、その後生涯、ひたすらその仕事に従事するというものである。長期雇用による生活の安定と引き替えに、転職の自由は事実上制限されるため、能力開発という点で制約の大きいものでもあるが、その逸失《いっしつ》利益は不思議なほど問題とされない。ベーシックインカムは離職の自由を広げ、職業の転換とそのための再教育の条件を保障する。ベーシックインカムは、日本で言えば憲法26条に規定された教育を受ける権利を、生活面から保障する。またそのことによって、就労を能力開発に結びつける。

地方自治・地方再生

「地方消滅」が言われて久しい。政府は地方再生についての明確な展望を、かなり以前から失っている。地方衰退の原因は、戦後の農地改革、および国土開発の効果が消え失せた現在、十分な所得を生み出す力が地方にないためである。現在の公共事業主体の地方テコ入れは、地元経済への波及効果が弱く、予算が大企業を通じて中央に還流するばかりで、効果が薄くなってしまった。農業はその生産性を高めたがゆえに、農産物の単位当たりの付加価値が落ち、その結果、農業が十分な所得を生まなくなった。農業以外の現金収入の可能性がなければ、人は地方に住みつづけることはできない。

地方自治の基礎は、住民の経済力にある。住民が経済力を奪われていては、自発的に自治に参加することはできない。地方自治あるいは住民自治の歴史は、地方における民富の形成がなされたときに自治が活発化したことを示している。１８８０年代の自由民権運動しかり、第二次世界大戦後の農地改革、高度成長期の革新自治体の運動しかりである。

今日、国民がそれぞれの自治体において住民として発言し、積極的に地方政治を動かす主体となるためには、農地改革に匹敵する、あるいはそれ以上の所得改革が必要である。地方への人口回帰を促進し、地方における自立的な経済循環を築き上げるために、ベーシックインカムが必要である。ベーシックインカムによって、地方で落ち着いて子育てをし、そこで教育を受ける人が多くなれば、地方に産業と雇用が生まれる。政府と地方の公共事業予算、地方交付税交付金、地方税収、軍事費などの用い方を根本的に見直し、その財源の一部をベーシックインカムに置き換えることによって、その基盤をつくることができる。地方に活力を与え、地方自治を充実させ、地方がふたたび文化と情報を生み出し、伝統を保存する機能を回復すること、これもベーシックインカムの目標である。

社会保障の就労促進的な性格を弱める――新しい福祉社会へ

生活保護、基礎年金、雇用保険（失業手当）、児童手当などの一部はベーシックインカムに代替できる。それらの給付額を上回る程度にベーシックインカムが支給されれば、社会保障行政は大幅に簡素化できる。従来の給付にまつわる受給資格調査などは不要となる。その分、行政はそれら以外の生活インフラの整備、高齢者や障がい者への対応に力を集中できる。

現在の生活保護制度は、受給に際して労働能力に関する厳格な資格審査が必要である。給付する、しないの裁量を行政が握ることによって、権利としての性格が曖昧になりがちであり、受給者を弱い立場に置く。審査基準が厳しく適用される場合には、当然受け取るべき人が給付を受けにくくなる。*6 また資力調査によって生活力のなさを証明すること自体が、大きなスティグマ（屈辱）を受給者およびその近親者に与える。また給付の一時的、就労促進的な性格によって、生活基盤が十分に確立しないまま再就労せざるをえなくなる。さらに、就労によって所得が発生すれば、生活保護支給金額が減額されるため、再就職に対する意欲がもちにくい。こうしたことが重なって、生活保護は受給しにくいし、受給すればそれから離脱することが難しい。

そうしたこれまでの生活保護とは違って、ベーシックインカムは困窮者にスティグマを与えないで救済し、すべての社会成員の生存権を無条件に保障することができる。その意味で、ベーシックインカムは既存の社会保障制度の弊害の多くを取り除く。ベーシックインカムによる社会保障行政の簡素化について、社会学者リチャード・セネットも次のように指摘している。「すべての個人が開かれた市場で教育も医療も年金も購入することができる。さらに、全員が自ら生活していけるだけの最低年間所得をえていれば失業手当などは消滅する。生活の質の最低限は税金によって保証されるが、過保護な福祉国家は消滅する。収入調査もまた消滅する」（Sennett 2006, p.189）

ただし、ベーシックインカムを悪用する様々なケースに対処する新たな態勢は必要となるであろう。また、ベーシックインカムでカバーできない生活上の負担やリスクは、社会保障制度に組み入れ、社会的に分散し、サービスの現物給付その他の形で保障されねばならない。

自然と調和した適正規模の経済

ベーシックインカムは、所得に占める消費の割合（消費性向）の高い低所得層の購買力を高めることによって総需要を拡大し、経済成長を需要の面から押し上げる効果をもつ。このことの裏づけとなる研究が最近いくつか発表されている。近年、欧米の経済学者たちは、賃金の大幅な引き上げは需要停滞を払拭する可能性をもつとし、大半の先進諸国で賃金の需要効果が成長率を高めることを実証的に示し、賃金主導の経済成長の回復を提唱している（第2章参照）。

もちろん、このようにベーシックインカムは国民の消費を量的に拡大させるが、それによって資源浪費的で環境破壊的な経済を押し広げてはならないことにも留意すべきである。ベーシックインカムは積極的な社会的意味のある雇用や労働の領域を拡大し、無駄な雇用や労働を削減するという効果があるが、そうした拡大と縮小の両方の効果をバネに、環境破壊と自然収奪型の経済を縮小する方向へと進まねばならない。したがってそのための環境規制政策が併せてとられる必要がある。具体的には、原発依存、石油依存、基地依存、武器輸出依存、乱開発依存、忖度《そんたく》と利権、天下りまみれの経済から人々が離脱すること、雇用規制と食の安全基準の強化、環境破壊的あるいは労働搾取的な製品の国際取引の規制、環境税の導入などがそうである。ベーシックインカムは、地域あるいは個別の利益を社会全体の犠牲で実現する必要のない条件をつくることで、社会的規制への合意の経済的前提をつくる。

ベーシックインカムが導入されることによって、結果的にどの程度の経済規模と成長率に落ち着くかを容易に示すことはできない。しかし仮に経済規模が縮小したとしても、それは経済の停滞を意味するものではなく、それを悲観する必要はないし、逆に拡大したとしても、そのこと自体を喜ぶ理由もない。経済学は市場が価格機能を媒介に最適な資源配分をおこなうと言いつのってきたわけであるが、その「最適」とはただ単に投資が最大限の収益を生むことを基準としたものであり、地球的規模で見たすべての人々の生存権や人権、環境との調和といった要素とは直接的な関わりをもたない。適切な政策判断のためには、適切な社会目標が必要である。ベーシックインカムは、自然と人間の調和のとれた経済の最適化への触媒とならねばならない。

3　ベーシックインカムのための経済政策

供給サイドの政策が必要

さて、このようにベーシックインカムの機能を温泉の効能書きのように並べてきたわけであるが、ベーシックインカムはそれだけでなんとかなる万能薬ではないことも強調しておきたい。

ベーシックインカムは大がかりな所得再分配のための政策であると同時に、それ自体が賃金であり、社会保障であるため、それぞれの制度のあり方に大きな影響を与える。したがって、実現すれば、日本にとっては戦後改革期の農地改革、労働改革などに匹敵する大規模な経済改革となる。ベーシックインカムはきわめて長いスパンの政策であり、その経済全体への波及効果は大きいため、ミクロおよびマクロの両方の視点からその影響を管理する必要がある。

経済全体としてまず重要なことは、こうした大規模な所得再分配政策が、インフレーションをもたらすだけに終わるようなことがあってはならないということである。所得を底上げしても、医療、教育、住居、基礎的食料品などの価格が高騰すれば、ベーシックインカムの効果は減殺される。所得増加を上回る過度なインフレはむしろマイナスである。そうならないよう、現物給付も含めて、そうした基礎的生活手段の安定供給を図る必要がある。その意味で、ベーシックインカムには、産業、さらには製品レベルに焦点を当てた、供給サイドの政策が併せて必要となる。

供給に弱い部分（ボトルネック）が生じてベーシックインカムが過度のインフレをもたらす場

合には、ベーシックインカムの給付水準を引き下げることも必要であろう。逆に、景気低迷期には、ベーシックインカムの支給額を引き上げることによって、短期的な需要の低迷を補うことができる。その意味で、ベーシックインカムは景気の変動を均すマクロ政策的安定装置となりうる。*7

「コスト病」の分野をどうするか？

今日の家計消費支出の構造を見た場合、教育、医療、介護などに必要な支出を抑えるための手立てが必要である。こうした分野は、そもそも製造業製品とは異なり、生産性を引き上げることの難しい分野であり、製造業製品や農産物と比べ価格が高くなりがちである。すなわち「コスト病」の分野である。*8 教員や医師は、他の製造業が時間当たりの生産量を拡大させるようには生産性を拡大できない。1人の教員が教えることのできる学生数は自ずと限られている。一定の時間で医師が診断できる患者数は、優秀な医師であろうとなかろうとほとんど同じで、優れた医師であればその数が増えていくということはない。文化活動も同じで、優れたオーケストラであればより多くの観客を集められる、あるいは弦楽四重奏でもがんばれば2人で演奏でき、倍の生産性を達成できるといったことはない。

つまりこうした分野は生産性という基準で評価されることが適切ではなく、生産性の改善がなされにくいので、製造業などその他の分野と比べてコストと価格が高くなる。むろん、学費や医療費の高騰のすべてがこうした生産性格差から説明しうるものではないことも事実である。大学の経営努力の不足、製薬会社や保険会社、医療機関の利潤追求などの問題はあろう。しかしこうしたサービス業が、製造業や農業といったモノをつくる産業と異なる高コスト体質をもち、したがってこれが今日の家計支出にますます大きなウェイトを占めていることも理解する必要がある。

　こうしたことを前提に、これからの経済社会では、優れた教員や医師を組織的に大量に輩出することによって、この問題に対処する必要がある。それには何といっても教育の役割が重要である。教員、医師、介護士などを大量に生み出し、教育機関を地域に配置することと併せて、このコスト病の問題に対処する必要がある。

　たとえばアメリカでは19世紀に各州に州立大学、私立大学を整備したが、その際、戦略的に重視されたのは、当時の州住民にとっての喫緊の課題である農業生産性の増進と、医療の普及であった。したがって農学部、医学部がまずつくられた。どの州も他の州に引けを取らないような大学をつくり、そこに子女を送り込む。そのような地域主権、地方分権の胎動《たいどう》と重ね合わせた大きな意味での供給サイドの政策が、ベーシックインカムとともに必要である。そうでなければベーシックインカムによってむしろ、コスト病の分野の価格高騰に火がつくということになりかねない。

4　ベーシックインカム批判にどう答えるか

批判1「ベーシックインカムがあると働かなくなる」

ベーシックインカムに対する最も大きな批判は、それによって多くの人々の働く意欲がなくなるのではないかという懸念である。経済学の用語でいう「労働供給」の問題である。ベーシックインカムは、やりがいのある労働の選択を可能にすることで労働供給を増やす半面、選択的に就労を拒否することをも可能にするので、労働供給を削減しもする。何もしなくてもお金がもらえるなら、人は働かなくなるだろうと多くの人が考えるのはもっともである。「すべての人間が自由を得るや、その欠点を発揮する。強い者は度を超え、弱い者は怠ける」と、ゲーテの昔から言われている（『格言集』高橋健二訳）。

しかし、中程度の所得層あるいは高所得層は、すでに得ている経済的地位を維持するためだけにも働きつづけるであろう。超高額所得者は、すでに生涯お金に困ることがないにもかかわらず、現在でも働きつづけている。それには追加的に金銭を得ることによる満足ということもあるが、それ以上に多くの場合、労働が自己実現、生命活動の一部であるからである。選択の結果、無業あるいは短時間しか仕事をしないこともまた、可能なかぎり社会的に許容されるべきである。そのような寛容さが、就労を選択している人にとっても安心感を与えるであろう。

確かに、ベーシックインカムを受給して家でゲームをするだけの人が出てくるかもしれない。しかし、やりがいのない仕事しかなくて、気がついたらゲームしかやることがないといった人が、日本にはすでに大勢いる。介護や育児で離職せざるをえない人も後を絶たない。様々な理由から、現在、日本では15歳から65歳までの3割近くは働いていない。アメリカでは4割近くがそうである。今日の強いられた、疎外された労働によって労働供給が潜在的に抑制されていることは、不思議なほど問題とされていない。そのような人は、やりがいのある仕事を見出せば、家を出て働きだすであろうし、ベーシックインカムがあれば、介護や育児の施設を利用して、働きはじめる人も出てくるであろう。

その意味では、ベーシックインカムは労働供給を減らしもするが、増やしもする。一定のベーシックインカム給付がどの程度の労働供給の増減を生み出すかを予想することは難しい。労働供給がベーシックインカムによって過度に損なわれるならば給付額を引き下げねばならないし、労働供給が過剰になるなら市場賃金は引き下がるであろう。

ベーシックインカムの給付水準が大人一人月額８万円、子ども４万円、夫婦、子ども２人の４人家族で24万円を受け取っても、年収としては２８８万円程度にしかならない。これでは働くことをやめるわけにはいかないであろう。３万円程度から初めてみるということも、政策的には考えられるであろう。

労働供給の問題の別の側面は、みんながフルで働く必要がそもそもあるのかという問題である。高い潜在的生産性をもつ今日の先進諸国において、すべての人がフルタイムで働かなくては経済が維持できないということはない。むしろ、みんなが働いてまともな賃金を得ようとすること自体に無理がある。したがって、所得分配の最低限をベーシックインカムで保障し、それに対応する必要消費手段の供給を計画的に維持することができれば、多くの人は実際には働く必要がない。したがってベーシックインカムは、社会全体がもつ高度な潜在的生産力を開放することを前提にしている。

ロバート・スキデルスキーとエドワード・スキデルスキーは、次のように記している。「ベーシックインカムはつねに二種類の反対にあってきた。第一に労働意欲を削ぐ、第二にそんなものを支給する財源はどこにもないというものであった。（中略）しかし問題が窮乏ではなく豊かさであって、政策の主目標が成長の最大化ではなく基本的価値の確保だとしたら、二種類の反論はどちらも力を失う。この状況では余暇を増やして、労働意欲を抑えるべきだ。それに富裕国は次第にベーシックインカムを捻出《ねんしゅつ》することが可能になっている」（Skidelsky and Skidelsky 2012 ,pp.198-99)。すでに述べたことのくり返しになるが、資本主義というシステムは、雇用や失業をつくるのは得意であるが、高い潜在的生産性を有給の余暇に変えることは苦手である。ベーシックインカムは、資本の論理と異なる原理による再分配によって、社会的生産力を自由な時間に変換する。

批判２「ベーシックインカムには財源がない」

労働供給の問題と並んで、財源の問題は、ベーシックインカムに対する批判の重要なポイントである。[*9] ベーシックインカムが一人月額８万円とすると、年間１００万円ほどになり、子どもへの支給を減額することなどを考え合わせると、必要な予算はおよそ年間１００兆円となる。月額５万円一律の場合には、およそ63兆円必要である。すなわち現在の日本のＧＤＰの５分の１から８分の１の所得を再分配することになる。所得上位３分の１は純粋増税、中位３分の１は増減相《そう》殺《さい》、下位３分の１が純粋のプラス給付となるように制度設計するとすれば、必要な財政規模は30～50兆円となるであろう。

財源問題については、すでに元経済官僚の原田泰が『ベーシック・インカム――国家は貧困問題を解決できるか』（原田　２０１５）において具体的なシミュレーションをおこなっている。

原田は、大人7万円、20歳未満の子ども3万円のベーシックインカムを考え、このための必要な予算は96・3兆円としている。原田はまず、雇用者所得と自営業者の混合所得を合わせた２５７・５兆円に一律30％の税率で課税することによって77・3兆円の税収を得るとしている。現行の所得税収としてすでに13・9兆円があるので、所得税収入の純増は63・4兆円である。それでもまだ32・9兆円が必要である。

それをどうするか。ベーシックインカムによって置き換えることのできる歳出費目は、基礎年金16・6兆円、子ども手当1・8兆円、雇用保険1・5兆円、計19・9兆円がまずある。さらに、公共事業予算15兆円のうち5兆円、国と地方の中小企業対策費6・5兆円のうち1兆円、国と地方の農林水産業費3・2兆円のうち1兆円、地方自治体の民生費のうち生活保護費3・8兆円を除いた福祉費18・4兆円から6兆円、生活保護費から1・9兆円、地方交付税交付金17・1兆円から1兆円を削減し、それらを積み上げると35・8兆円となり、必要な代替財源を得ることができると計算している。

さらに原田は、ベーシックインカムによる所得再分配の所得階層ごとへの効果を、厚生労働省の「国民生活基礎調査」から割り出す緻密《ちみつ》な作業をおこなっている。原田の大人7万円、年間84万円のベーシックインカムの構想では、年収６００万円から７００万円までの層でほぼ増税とベーシックインカムが相殺されることになり、それ以下はベーシックインカムで所得が増え、それ以上では税負担のほうがベーシックインカム給付を上回ると見ている。

原田はタックスヘイブン課税の強化をも主張し、日本は資産課税が不十分であるとも指摘している。原田は30％定率の所得税の導入を想定しているが、これを累進的におこなえば、垂直的公平性の点でより優れたものとなるであろう。また、軍事費の削減や金融取引税（トービン税）など、原田が挙げたもの以外にも有望な財源が考えられる。いずれにせよ、原田の財源論によって、ベーシックインカムの財源確保は不可能ではないことが示されている。

法人税については、この間、法人税減税による税収の欠損が指摘され、さらに企業の内部留保への課税の是非をめぐる議論が盛んにおこなわれている。法人税率の引き上げ、内部留保に対する課税強化は急務である。この問題では、駒沢大学の会計学者、小栗崇資の企業収益フローの分析が優れている。小栗は、２００１年から２０１５年までの企業の人件費と内部留保の推移を分析し、２００１年の水準の人件費（一人当たり７６４万円）が維持されていた場合と実際に支払われた金額との差額を計算し、その累計を67・１兆円であると推計している。さらに同期間の法人三税の減税による減税分を累積30兆円、年平均２兆円と見積もった。

これは賃金抑制と減税の両方で累積97・１兆円、年平均にして６・５兆円の賃金から利潤への所得移転がおこなわれていることを意味する。もちろん、２００１年水準の人件費の支払いと法人税率が維持されていた場合に、付加価値（利潤）がどのように変化したかは簡単には言えない。しかし、こうした企業の賃金節約と税支払いの節約の結果、莫大な内部留保が積み上がり、それらに適切な課税がなされていないことは、このような小栗の分析から明らかである。

小栗によれば、大企業（資本金10億円以上の約５０００社。金融を除く）の内部留保の実質金額は、２００１年から２０１５年までに、１６７・８兆円から３２３兆円へと2倍に膨らんでいる。つまり毎年平均で10・３兆円増えている（小栗 ２０１７）。もしもこうした増えつづける内部留保の純増に、所得税同様30％の税率で課税するならば、毎年３兆円の財源が生まれることになるであろう。先ほどの６・５兆円の利潤への移転とこの３兆円を合わせれば、約９・５兆円となり、これが需要にまわれば、経済成長率は２％幅大きくなっていた可能性がある。いずれにしても、法人税の見直しあるいは内部留保への課税は、経済状況を大きく変え、ベーシックインカムの財源面での条件を広げるであろう。

批判３「ベーシックインカムよりもまず最低賃金の引き上げが必要」

経済生活、とりわけ低所得層の状態を改善する手だてとしてまず思い浮かぶのは、法定最低賃金の引き上げであろう。[*10] 最低賃金は確かに、時給で働く人々の収入を引き上げ、さらにその上の所得層の収入をも連動して引き上げるという意味で重要である。現在の日本において、不安定で低賃金の雇用がこのように広がる現状は是正される必要があり、最低賃金の引き上げは急務である。

しかし、最低賃金の引き上げは、大企業よりも労務比率の高い中小零細企業を直撃するという、見過ごせないデメリットがある。中小零細企業はその労務コストを思うように価格に転嫁することができない。ベーシックインカムは所得の一部を企業ではなく社会が給付するという意味で「賃金の部分的社会化」であるので、最低賃金の引き上げと違って、労務比率の高い中小零細企業にとってはさほど打撃とならない。むしろベーシックインカムは賃金コストの一部を社会が負担するので、その原資を高額所得者や大企業からの累進的な税金でまかなえば、中小零細企業も税金の負担は増えるが大多数はそれ以上に利益を得るであろう。

付け加えておく必要があるのは、雇用主体が公的機関である場合は、中小企業とは異なり、時給単位を直ちに引き上げるべきだということである。自治体の非正規職員の賃金は最低賃金または職種別最低時給プラスアルファで、年収200万円未満の官製ワーキングプアの状態が放置されている。

批判4「ベーシックインカムの提唱者はその他の福祉制度をそれに置き換えようとしている」

確かにリバタリアン（自由至上主義者）と呼ばれる人々のなかには、国家による個人への干渉を嫌うことから、既存の社会保障制度を否定する脈絡でベーシックインカムの導入を主張する人もいる。保守派の一部も「小さな政府」を求めてベーシックインカムの議論に便乗しようとしている。日本、欧米を問わず、リベラル派の間でベーシックインカムが疑問視される理由の一つはそこにある。

しかし、本書の立場もそうであるが、多くのベーシックインカム支持者は、リバタリアンや保守派のようには考えない。既存の社会保障を批判しつつも、ベーシックインカムはその一部を代替するものだと主張する。

註

〈＊1〉ベーシックインカムは、10年ほど前には一部の研究者や社会運動家の間でのみ知られるにすぎなかったが、今では様々なメディアで取り上げられることも多くなった。世界的には、ベーシックインカム実現のために様々な試験的な取り組みがなされている。オランダのユトレヒト市で無作為抽出の市民に、フィンランドで失業者の一部を対象に、ベーシックインカムを一定期間給付するという実験などがそうであり、アメリカではカリフォルニア州ストックトンで、２０１９年２月より、抽出された５００人の居住者に月５００ドルを18カ月間支給するという実験がおこなわれている。政治家の間では、２０１６年アメリカ大統領選挙に先立って民主党候補のバーニー・サンダースがベーシックインカムに同意を示したことなどが話題となった。フェイスブック社のマーク・ザッカーバーグやヴァージングループのリチャード・ブランソンなど著名な実業家もベーシックインカムに賛同を寄せている。

〈＊2〉支給額は、フィンランドでおこなわれた２０００人の失業者を対象にした実験では月額５６０ユーロ（約７万円）だった。スイスが２０１６年にベーシックインカム導入の国民投票をおこない、否決された際の提案は月額26万円であった。

〈＊3〉ベーシックインカムの優れた入門書としてStanding（2017）がある。本田（２０１６）も参照されたい。

〈＊4〉野村総合研究所のレポートは、同研究所がオクスフォード大学のマイケル・オズボーンおよびカール・ベネディクト・フレイとともに実施した２０１５年度の共同研究の結果をまとめたものである。

〈＊5〉経済学では、生産要素（労働力と資本財）のうち、費用が相対的に安いほうを多く利用し、最終的に要素費用はその収益性の変化を通じて均等化すると考えられてきた。したがって賃金が下がれば機械化するよりもより多くの人を雇うことになるはずであるが、現在は、賃金が下がっても、賃金が固定的な負担となることを企業が嫌ったり、資本財の価格が急速に下落するなどの理由から、機械化の勢いがむしろ強まる傾向が見られる。

〈＊6〉日本の生活保護は現在160万世帯、その大半が高齢者と障がい者で、母子世帯は約10万世帯である。アメリカでは母子貧困世帯に対するTANF（貧困家族への一時的扶助）受給者数が350万人、65歳以上の無保険者、障がい者に対するSSI（補足的保障所得）の受給者が1800万人である（単身世帯750ドル、夫婦世帯1125ドル）。アメリカの公的扶助の対象がいかに広く、日本がいかに狭いかがわかる。

〈＊7〉こうした政策は真新しいものではなく先例がある。たとえば第一次オイルショックの直後につくられた「国民生活安定緊急措置法」はその一つである。同法は、異常な物価上昇に対処するため、国民生活との関連性が高い物資および国民経済上重要な物資の価格および需給の調整等に関する緊急措置を定め、国民生活の安定と国民経済の円滑な運営を確保することを目的として制定されたものであった。

〈＊8〉第1章の註1を参照。

〈＊9〉アメリカでの最近の財源シミュレーションは、「国際サービス従業員労働組合」（SEIU）の指導的な活動家であったアンディ・スターンのものがある（Stern 2016）。スターンは、月額1000ドル、年間1万2000ドルを支給するために必要とされる連邦財政支出の規模は、1兆7500億ドルから2兆5000億ドルと見積もっている。これに対して、スターンが挙げる財源は、①既存の福祉プログラム126種類の一部、②企業に対する各種の連邦の租税支出、③付加価値税の導入による税収、④「金融取引税」（FTT）、⑤石油、水資源、ビッグデータなど国民共同の資源の利用に対する課税、⑥すべての個人資産に対する課税、⑦その他、国防費、企業補助金、石油ガス会社への補助金などの削減によって十分に調達可能というものである。またニューヨーク・メトロポリタンカレッジのレヴィン＝ウォルドマンは、年間1万5000ドルのベーシックインカムのために1兆5700億ドルの追加的費用が必要と見積もり、それを財源の組み換えで調達することは可能としたうえで、雇用事情の悪化によって今後必要となる追加的費用の拡大を考えれば、その差額は小さくなるであろうと述べている（Levin=Waldman 2018）。

〈＊10〉日本は1959年の最低賃金法でこの制度を実施した。アメリカでは1938年の公正労働基準法で最低賃金が法制化されるが、当時、最低賃金は進歩派の人々の間でも「女の賃金」と呼ばれ、男性が受け取る生活賃金を補足するものと考えられていた。AFL（アメリカ労働総同盟）は、最低賃金が組合の団体交渉の役割を低下させることをむしろ恐れ、女性が職場進出することで男性の賃金が引き下げられることをも懸念した。当時そもそも女性は労働組合に加入できなかった。

第8章　現代尊農論——ベーシックインカムによる地方再生

人口流出によって、地方経済の疲弊《ひへい》は年々深刻の度を増している。現状を放置すれば、日本の農村は櫛《くし》の歯が欠けたように寂《さび》れ、その美しい風景は今後数十年で失われてしまう恐れがある。自民党の地方創生政策は、こうした地方の不安をたぐり寄せ、中央主導の開発主義、自治体統廃合、農業の集約化と規模拡大に結びつけようとするものである。他方で、リベラル派の地域研究を見ると、それは地方衰退の原因を市場開放、貿易自由化の推進に求める議論と併せて、地方の創意を生かした再活性化の先進的事例のケーススタディや提言で占められている。私には、保守派の見解は誤りであり、リベラル派のそれは多くに賛成できるが、やはり不十分な点があるように思える。

現在の政府の地方創生政策を見極め、真の地方再生を展望するためには、地方経済衰退の構図をつかみ、代替案を練る必要がある。前章において、ベーシックインカムと地方再生の関連について若干ふれたが、本章であらためてこの問題について考えてみたい。

1　地方経済衰退の構図

地方衰退の原因は何か？——低い農業所得

農産物の野放図な貿易自由化に反対し、食料自給率を高めるべきであるというリベラル派の政策は正しいであろう。しかし、貿易自由化をくい止め、食料自給率を高めれば、それで現在の地方が抱えている問題の多くが解決できるということにはならないであろう。

2015年の日本の農業就業人口は非販売農家（自給のための経営）も含めて209万人で、ほとんどが世帯単位でおこなわれている。これは総人口比率でわずか2％であり、それがカロリーベースでの自給率40％弱を満たしている。食料自給率を引き上げ、アメリカ言いなりの市場開放を阻止することは必要である。しかし貿易自由化の圧力を跳ね返し、食料自給率をたとえばドイツ並みに70％に引き上げたとしても、単純に計算すれば農業就業人口は400万人程度、人口比4％ほどになるにすぎない。農村からの人口流出はせいぜい5～10年前の水準にひとまず戻る程度で、さらに生産性が伸びて人手がいらなくなれば、やはり人口流出は続くと予想される。

地方の衰退は、農業所得が相対的に低いことによるものである。収穫量で見た農業生産性は、長期的に目覚ましく高くなっている。[*1] しかしと言うべきか、だからこそと言うべきか、農業では慢性的に「豊作貧乏」の状態になっている。農産物需要は価格弾力性が低い（価格が下がっても販売量はそれほど増えない）ため、付加価値で見た農業生産性は製造業やサービス業と比べて低くなる。これが相対的な農業所得停滞の根本的な理由である。*2

日本の農業が十分な就労人口・世帯数を保持できない低所得セクターであることについては、戦後早い時期から農業経済学者たちが指摘していた。*3 しかし彼らはそれを理由に、農村人口の都心への移動を促進するよう主張した。そしてそれは高度成長期以降、農村からの人口流出政策を理論的に後押しした。

実際に1960年代初頭まで3500万人前後を維持していた販売農家の世帯員数はその後減少し、2009年には690万人と、5分の1にまで縮小した。しかし皮肉なことに、農家の低所得を是正するはずの経済学者たちの政策は、農業人口のこのような過度の減少と、それに伴う教育、医療、小売、サービスなど地方経済の需要の喪失を生み、地方と農村全体の急激な衰退を招く結果となった。

日本農業の国際競争力は低いか？

「農業所得が低い」という経済学者たちの見方は、「日本の農家は土地の集約化と規模拡大を通じて国際競争力を高めよ」という議論と結びつき、貿易自由化論と結びついた。

しかし、すでに述べたように、所得で見た農家の生産性は確かに低いが、物的な生産性で見ると必ずしもそうではない。いまコメを例にとると、アメリカのコメの価格は1俵（60キロ）当たり6000円で、日本のコメは1万5000円である。これだけを見ると、アメリカのコメは安くて、日本の生産性は低いように見える。しかし、作付面積で言うと、日本は1・5から2・0

ヘクタール程度であるのに対して、アメリカは187ヘクタールと100倍を超えている（オーストラリアに至っては3068ヘクタールとさらに大規模である）。こうした規模の格差からすれば、アメリカとの比較でわずか2倍半程度という価格差は小さい。その理由は、農業は集約化されれば、それだけ機械化のための経費がかかり、採算がとれなくなるということにある。つまり農業では、「規模の経済」（生産の規模が大きくなると単位当たりのコストが低下し、収益が高まるという作用）が働きにくいのである。規模が大きくなると巨大なコンバイン、トラクターなどが必要とされ、設備投資が巨額に上る。世界で最も大規模な部類のアメリカの農家が補助金なしに成り立たないという皮肉な現象はここから起こる。農業というのはそういうセクターなのである。アジアの農家は小規模だからこそ、なんとかやっていけるのである。

「それにしても市場価格ではアメリカのほうが安いなら、そちらを選ぶべきだ」と経済学者たちは言うであろう。しかしそれは間違っている。アメリカの農業補助金の額は、年間100億ドルから多い年には200億ドルと莫大である。[*4] さらに、アメリカの穀物価格には、土壌保全など、その生産が持続可能であるためのコストも含まれていない。[*5] これら〈見えないコスト〉を計算すると、現時点でも日本の穀物がアメリカより高いかどうかは疑わしい。市場の価格は現時点での〈見えるコスト〉の優劣を示しているにすぎず、その限りではアメリカのほうが安い。しかし、将来的に、たとえば20年後、50年後、アメリカの農産物が現状の価格で供給されるかどうかについては何の保証もない。農地というのは一度耕作を止めてしまえば、工業製品と違って生産再開にたいへんなコストがかかるため、そのときになって日本の田畑を復活させようとしても難しい。[*6]

2　戦後地方の事実上の「所得保障」――農地改革から「全国総合開発計画」へ

農地改革

戦後、日本農家の生活を支えてきたのは、戦後改革の一環として実施された農地改革による自作農体制と、高度成長期以降の国土開発によって地方分散的に配置された産業であった。問題は、地方の所得を支えたその2つの柱がともに機能不全に陥っているということである。

周知の通り、戦後日本は農地改革によって、改革前に全耕地のおよそ半分に及んだ小作地を国が買い取り、耕地全体の約3分の1に相当する194万町歩の土地を分割し、農家一軒当たり1ヘクタールを安価で買い取らせることによって農民の土地所有権を確立した。つまり政府は、土地所有権の分与によって農民の耕作権を守り、農家の所得を保障したのである。

こうした農地改革の原案をつくったGHQ側の中心人物の一人は、農政学者ウォルフ・ラデジンスキーであった。彼は、耕作する農民こそが土地を所有すべきであり、農民の耕作権の保障は日本の民主主義的復興の基盤となると考えた。ラデジンスキーの小農育成論は、農村の保守勢力を温存するものとして、当時左派から盛んにその不徹底さを追及された。[*7] しかし彼の政策は反共主義というよりも、農民に土地を与えた革命当初のソヴィエトの政策への評価と、その政策がその後のスターリンによる農業集団化によって否定され大きな災いを巻き起こしたことへの批判に基づいたものであった。

この改革の結果、農業生産は急激に増加し、農業生産指数で見ると１９５５年から65年までほぼ４％程度で拡大しつづけ、食用農産物の自給率は１９６１年に88％となった。50年代半ばに一農家当たりの可処分所得は戦前よりも50％多くなり、農外所得も増えた。１９７０年代以降、貧農は消えたとまで言われる有史以来初の状況が生み出された。日本の人口の約５割が農村人口であった戦後当初の状況からして、農地改革は日本の歴史上最大の所得保障政策であったと言える。

「全国総合開発計画」

しかし事態はいくつかの点で、農地改革の制度設計者たちの予想を超えて展開した。１９５０年代半ばからの高度成長による工業化と都市化が、巨大都市への人口集中をもたらした。地方の人口減少が進み、「地域格差の是正」が叫ばれるようになった。

１９５７年から60年にかけて、全国各地の開発促進法が制定された。１９６２年には「全国総合開発計画」（旧全総）が決定され、「拠点開発方式」で開発が一挙に進んだ。１９６０年代後半になると、公害問題や大都市圏の過密問題が深刻化したにもかかわらず、その後１９６９年の「新全総」、田中角栄の「日本列島改造論」、１９７７年の「三全総」と開発路線は続いた。

これらは過疎の問題を抱えた地方からの要求に応えたものでもあり、戦後農政が農業所得の減少と地方の人口減少に適応できないことへの応急措置という意味があった。つまり、開発と公共投資が、地方の新たな所得保障となったのである。

その間、農政は、「農業基本法」（１９６１年）によって、農地の集約化と農家の規模拡大に舵《かじ》を切った。このいわゆる「基本法農政」は、農家が兼業化によって農業所得への依存度を低め、小規模農家の機械化の採算割れによる離農＝農地の流動化が進むことを前提としたものであるが、農地に対する農家の執着心は強く、農地の集約と規模拡大は想定通りには進まなかった。[*8]

それ以降、現在まで、行きづまった地方政策と農政に対して、国はただ単に地方交付金と公共事業、地方の土木事業によって対応するという構図が続いている。このような場当たり的な対応は、国や官僚が農地改革後のシステムに取って代わる地方・農村づくりの有効なヴィジョンを描けないことの現れであり、その意味では、現在の自民党の支離滅裂な地方政策や農政は、こうした戦後地方システム崩壊の原因というよりも、むしろその結果であると言える。

3　ベーシックインカムによる地方再生

地方創生政策

農業が若い世代を支えるに十分な所得を生み出せなくなりつつある一方で、消費生活の高度化に伴う生活必要経費は増大するばかりである。年金をもらえる高齢者は農業をやりながら暮らせるが、若い世代は現金収入が必要なので、農業では暮らせない。農家で暮らしていこうと思えば、ますます農外所得や農地の転用への依存を余儀なくされる。

こうした地方の深刻な悩みに対する対策として、各々の地方の独自性を生かした特産品、観光資源、産業誘致の促進などが提起される。しかし、これらはどこの地方でも可能というわけではない。また、たとえ先進的な事例が増えたとしても、他の地方と競合すれば相互に市場を食い合うことになり、独自の付加価値は失われる。したがって人口流出の大きな流れを止めることにはならない。すでに見た通り、それは何よりも人口減少の原因——豊作貧乏の結果、現金収入が足りないという事情——とかみ合っていない。*9

農業が機械化を進め、かつその所得が逓減的であるかぎり、何らかの外生的な支えがないかぎり、農村に人が住みつづけることには限界がある。このことは国の違い、あるいは土地の所有形態の違いとはかかわらない法則的なものと言える。つまり「産業として自立しうる農業」（農政審議会）とは形容矛盾であり、一種の精神論である。

このような状況のもとで、地方のリストラ、整理縮小案があからさまに出されている。あるレポートにある次のような論調は今や主流である。

「ヒト・モノ・カネ、全てに余裕がない小規模自治体に地域活性化を委ねても、持続可能な地域への変貌は難しい。したがって、人口が減少する小規模自治体を含む広域をカバーする組織、たとえば、都道府県などの単位で地域活性化を考える必要がある。そしてその中で人口集積に向けた政策、具体的には都道府県などの単位のコンパクトシティ化を強力に進めるため、小規模自治体から大都市への移住政策をより検討していくべきだ」（岡田２００４、43ページ）

小規模の市町村はつぶして都道府県の中核的大都市に人口を集めれば、そこで高齢者の医療・福祉のニーズが高まるなど経済効果が期待できるというのである。このレポートの筆者はこの政策を、「人口減少都市のターミナルケア」と表現している。

戦後、地方と農業は、農地改革から国土開発へと列車を乗り換えてきた。しかしここで言われていることは、「これからはいくら待っても乗り継ぎの列車はきませんよ」、「ここからは線路さえありませんよ」ということである。これは地方の人々の移住を軽々しく考え、地方が存在することの多面的な役割を考慮しない、一種の棄民《きみん》政策にほかならない。

したがって、地方に対する政策は、その存続を何らかの形で保障するか、あるいは「ターミナルケア」か、この「二つの道」のいずれかである（もちろん自治体消滅も一つの「道」であればの話だが）。

農地改革以来の大がかりな経済改革が必要

では、この存続を可能にする方策はあるだろうか。唯一考えられるのは、所得保障によって地方を支えることである。ベーシックインカム型の普遍的な所得保障によって、農業の多面的機能を保持し、人々が地方に住みつづけることが可能となる。

ベーシックインカムとは、第7章で見たように、すべての社会成員に対して、基礎的な生活を支えるための最低限の所得保障を普遍的給付の形でおこなう制度であり、既存の賃金形態と社会保障制度に対する代替戦略の根幹である。大人一人、月額3万円から10万円ぐらいの給付が想定されるが、こうした安定的な現金収入によって、人々が地方に住みつづけることが可能になる。

またそれは、既存の生活保護給付と異なり、他の収入源があっても受給可能であるため、追加的な労働のインセンティブを排除しない。

従来型の公共事業は、地方にとっては、外生的な一過性の需要であり、しかも大規模な事業ほど中央の大手業者が受注し、地方経済への波及効果が弱い。いわば「羽根の生えた需要」である。しかも、そのために必要とされる公的支出は莫大である。それに対して、ベーシックインカムは地方で生活する人々の消費能力を高め、地域経済を活性化させる。つまり「根の生えた需要」である。地域に需要と購買力をもたらし、地方の内部で需要と投資が循環する。

ベーシックインカムはまた、都市からの地方への移住を促進するであろう。現在多くの農家では、高齢者が年金収入を支えに農業を続けているが、ベーシックインカムによる定期的な現金収入の保障は若い人々にも、地方での農業その他の経済活動に道を開く。また逆に、そのことが都心の過密を緩和することにもつながる。これが農家向けに限定した「戸別所得保障制度」と異なる点である。

こうした新しいタイプの所得保障制度によって、地方と農家は中央の政策的さじ加減に依存しない新たな地域共同体をつくることができる。中央に「従わざるもの食うべからず」から「従わなくても食える」という真の地方自治の土台ができる。日本の小さな水田には、きれいな水、酸素供給、保水効果による河川の氾濫防止、地下水の涵養《かんよう》、生態系の維持といった、市場での経済計算の枠を超えた外部的効果があり、それは数千年維持されつづけたものである。地域の独自の文化や、都市住民の緊張を緩和するといった、今日的に評価されている機能を将来に残すためにも、ベーシックインカムによって人が地方に住みつづけることが必要である。

経済学者・河上肇は、１９０５年に『日本尊農論』を著した。そこで彼は、農業の経済的、軍事的、社会的有用性について詳述し、農業の生産性を高めることによって農業と農家を保護すべきことを力説した。国権的風潮の強い当時の時勢柄、強兵にことよせてではあるが、当時人口の7割弱を占め、その多数が貧農であった農家の擁護《ようご》を訴える河上のヒューマンな姿勢は、後の『貧乏物語』に先駆けたものである。彼は、経済学が言う国際分業論に従い一国が過度に商工業に特化し、農業を軽んじることに警鐘を鳴らしている。今であれば河上は身を挺《てい》してTPPに反対したであろう。

河上が『日本尊農論』のなかで「経済上以外より見たる農業保全の利益」と呼んだものがある。「蓋《けだ》し田舎の地が健康に適し其の長寿に宜しき所以は必ずしも少なからず。第一に空気用水の点に付て考ふるに、都会と田舎とは到底同日の談にあらず」（河上１９７７、60ページ）これは今日の研究者が「農業の多面的機能」と呼んでいるものに相当すると言える。[*10] こうした視点から、彼は農村から都市への過度の人口流出を憂慮している。

20世紀の初頭に河上は農業の技術導入と生産性の上昇によって、また戦後改革期においてラジンスキーは農民の土地所有権の保障によって、それぞれ農家を護《まも》るべきことを訴えた。現段階でその課題は、ベーシックインカムによる普遍的所得保障を通じて成し遂げることができる。

ハーバート・ノーマンは、明治期の日本の農民運動を、革命性と保守性を併せ持つ「双面神」（ヤヌス）であると書いている（ノーマン１９７７）。「革命性」ということを今日的にどのように言い表せばよいかは難しいが、それが根元的な変革を意味するとすれば、ベーシックインカムによって、耕作権のみならず、最終的な生存権の保障を求めることには、十分に根元的な意味がある。歴史において、根元的な要求の実現の仕方は常に屈折している。戦時下において、日本の農民は耕作権の確立を目指してたたかったが、それはその時代においては遠い夢にすぎなかった。しかし農民の要求は、戦時下の弾圧のもとにあってさえ、一部の官僚や政治家の意思を通して状況に働きかけた。そして、そのエネルギーの蓄積が、最終的には戦後農地改革の原動力となった。[*11]

現在、農家の多くが依然として自民党を支持する一つの理由は、合理的な代替案とそのための運動の展望が見出せないためである。ベーシックインカムは急務ではあるが、直ちに実現しないまでも、それは農家や地方に住む人々の要求の底流となり、生活の保障を求める国民全体の運動と一体となる必要がある。

註

〈＊1〉日本の農家数は明治の半ばから1960年代まで550万軒前後で安定的に推移した。1960年に600万軒ほどでピークを迎え、その後縮小し、2013年に215万軒となっている。1960年代初頭に約600万ヘクタールあった農地は、現在約450万ヘクタールである。したがって一軒当たりの耕作面積は倍以上に増えている。収穫量についてはコメも野菜も増えているが、日本の場合、収穫量以上に品質の向上に技術開発が向けられているので、異なった時期の農業の労働生産性を単純には比較できない。

〈＊2〉もちろんこうしたことは、アメリカでもEUでも起こっている世界的な現象である。しかしアメリカやEUは農業補助金によって農家の所得を支えてきた。戦後日本は、安価な海外の農産物の輸入を受け入れ、農業の衰退を拱手傍観《きょうしゅぼうかん》してきた。そのため日本の農村の経済構造は、他の先進国と比べて脆弱である。

〈＊3〉大川一司は、工業に比して農業の所得が低位にあることが、農業のいわゆる「過剰就業」に結びついているとした（大川　1955）。また東畑精一は、農村人口問題を「潜在失業」と捉え、すでに1950年代半ばに「集約的経営」を対策の一つとして挙げている。東畑は、農業の「潜在失業」について、「厳格な合理主義の立場から見るならば、その不完全就業はそれだけ無駄な就業でもあり、（中略）もっと有効利用ができるところに移したら、国民経済の生産力はもっと伸びるということになる」とし、「潜在失業」のため政府の農産物価格支持政策が農家所得を引き上げる効果をもちにくくなっているとも書いている（東畑編　1956）。

〈＊4〉アメリカの直接的な農業補助金は、最近はエタノール用の穀物市場が高騰したため70億ドル程度と少なくなった年もあるが、それ以外にも土壌保全費や輸出信用保証など、様々な名目の補助金が支払われつづけている。こうした財政支出はWTO（世界貿易機関）の交渉では生産コストにカウントされていない。したがってダンピングの要素とはみなされない。

〈＊5〉地形学の専門家は、アメリカのグレート・プレーンズ（大平原地帯）の土壌が自然には500年で2・5センチしか再生されないにもかかわらず、農業による土壌喪失はその4倍から25倍の速度で進行しており、土地利用は長期的に持続可能ではないと指摘している。また、「土壌の水分保持能力の低下、土砂に埋まった河川の浚渫《しゅんせつ》、土壌浸食によって起きた損害を解消するために、アメリカでは年間４４０億ドル、世界では年間４０００億ドル、地球上の人間一人につき70ドル以上――多くの人々の年収を超える――のコストがかかる」(Montgomery 2007)。

〈＊６〉復田コストは、耕作放棄年数にもよるが、一般に10アール当たり20万円から40万円とされている。有田ほか（２００３）を参照。

〈＊７〉農地改革の自作農育成の方針は、当時の社会党の「共同経営論」や共産党の「土地国有化論」と激しく対立した。戦後の両党の農業政策についてはドーア（１９６５）が詳しい。共産党については小山(１９５３)、上田(１９５７)をも参照。上田の著書には、「共産党は土地不買運動という信じられないような指導までおこなった」とある（１５７ページ)。

〈＊８〉ラデジンスキーは、農業基本法の策定に際して意見を求めてきた農林事務次官・小倉武一に送った書簡で、「農業経営の法人方式を支持する議論は（中略）小農制を急激に修正しようとするもの」と農業基本法の内容を厳しく批判し、「新政策の推進者は、農業経営の法人組織が政府の補助金や、価格支持等々を軽減するだろうと考えているような印象を受けます。この仮説は日本では非常に疑問ですし、御承知のとおり、大規模農業経営が高度に発達している国においてさえも適用できません」としている。また農業基本法を東畑精一が支持していることに憤っている（Ladejinsky 1978, pp. 323-24)。

〈＊９〉一例であるが、鮭が特産の新潟県村上市は町屋再生プロジェクトの成功で全国的に有名である。しかし地方再生の先進例である同市でさえ、人口は２００８年４月１日の７万人から２０１９年５月１日の６万人へと減少している。

〈＊10〉日本学術会議は、農業や林業の多面的機能を次のように分類している。①国民生活に長期的な安心・安全をもたらす食料保障の機能、②農業的土地利用が周辺の自然生態系の物質循環系に組み込まれ、それを補完しつつ発揮される機能、③農業が、里山、畑地、水田、水路、畦畔《けいはん》などの形態を取り、独自の自然生態系を構成し、そこから発現される機能、④生産・生活・生態環境を一体化した持続的農業が地域社会・文化の形成・維持に果たす機能、⑤農業・農山村の存在が都市的緊張を緩和する機能（『地球環境・人間生活にかかわる農業及び林業の多面的な機能の評価について（答申）』２００１年11月）。

〈＊11〉戦前から戦後にかけて活躍したある農務官僚は次のように記している。「戦時下の農地政策は農民運動の弾圧のなかで行われた。したがって批判は当然あるはずである。しかし農林省事務当局が多数の農家の要望を背負い、農業の発展を願って、大正9年の小作制度調査委員会設置以来長い年月にわたって苦心してきた小作制度改善の努力が、戦争という特異な環境のなかで開花した意味も評価されてよいであろう」（大和田　１９８１、44ページ）

補論1　モディリアーニの三角形

第4章で、戦後日本の賃金と社会保障を検討した。そこでは、今日の社会保障制度が男性正社員をモデルにつくられた普遍性の希薄な制度であり、月14万円程度のまともな老齢年金を受給できているのは高齢者の43％ほどで、その他は月5万円程度あるいはそれ以下にすぎないことを見た。つまりこの制度は、社会的なリスク全体に対応するよう制度設計されていないし、それだけの財源がプールされてもいない。社会全体のリスクを政策的に無視したとしても、リスクそれ自体がなくなるわけではなく、いずれ問題として表面化するであろう。ここでは、社会保障制度のあり方を考えるために、そもそも普遍主義的な社会保障制度をつくるためには、どれだけの財政が必要かという問題を考えてみたい。

日本の社会保障財政の分析

問題を単純化するために、すべての高齢者にまともな年金を保障するために必要な積立（貯

図　モディリアーニの三角形

年間64兆円を積み立てなければならないが、実際は14兆円の不足
マクロ経済全体では3600万円÷2×1億2千万人＝2160兆円の積立が必要

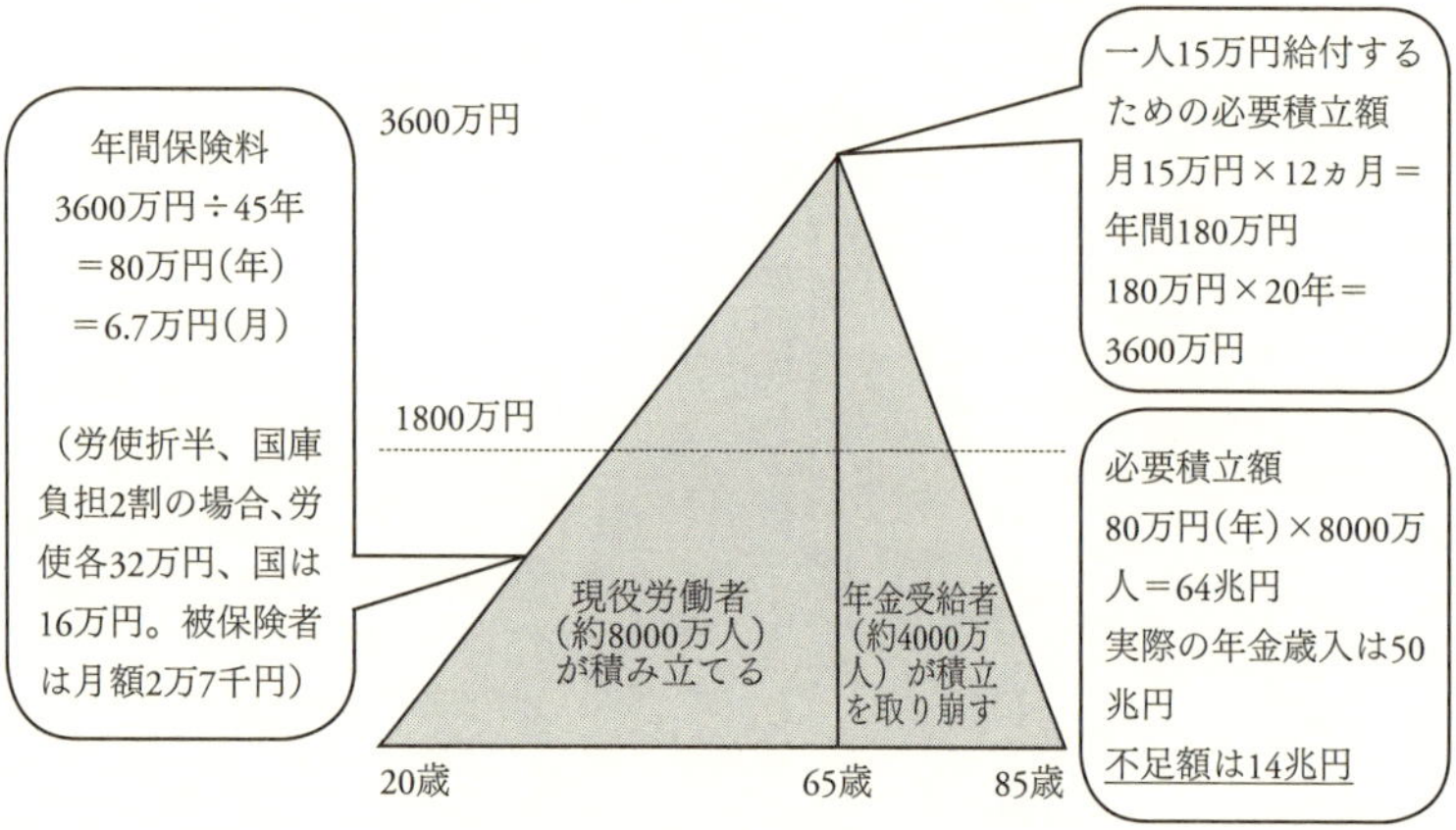

現実の厚生年金と国民年金の積立合計は140兆円ほど。理論値と現実のギャップは賃金の潜在的支払い不足の累積を意味する。

蓄）を、現在の保険方式（労使折半拠出＋国庫負担）の延長でおこなうものと想定し、それにいくら必要か、またそのために賃金がどれほど必要かを考えてみよう。ここでは、ノーベル経済学賞受賞者フランコ・モディリアーニが１９５０年代に考案した「貯蓄のライフサイクル仮説」を用いる。

図は、「モディリアーニの三角形」と呼ばれるものである。ここでは年齢や金額などの設定を今の日本の場合に置き換えてある。

すべての年金受給者にまともな年金を支払うとどうなるか。

厚生労働省の資料（２０１７年度）では、厚生年金と国民年金を合わせた公的年金受給者数は約３４００万人であり、障害年金や遺族年金も含め、支

給対象者を4000万人とする。厚生年金の平均月額は男性18万円、女性9万円、一人平均14万5000円なので、まともな年金として、この厚生年金相当の水準、男女問わず月額15万円、年間180万円を支給するものとしよう。すると次のようになる。

平均寿命を85歳、年金支給を65歳からとすれば、平均支給期間は20年間で、インフレを度外視すれば、一人当たりの年金に必要な積立金額は、180万円×20年＝3600万円となる。20歳で働きはじめ65歳で退職するまでの45年間に保険料を支払うことによって、三角形の頂点まで3600万円を積み立て、それをその後の20年間で使い果たすと、貯蓄と給付がバランスすることになる。そのためには、現役時代に年間、3600万円÷45年＝80万円（月額にして約6万7000円）を積み立てる必要がある。労使折半、国庫負担2割の場合、労使各々32万円、国は16万円を支払うことになる。

必要社会保障経費とのギャップ

では経済全体では、どれぐらいの貯蓄が必要になるか。左側の三角形で、現役労働者（8000万人とする）が労使折半、国庫負担で毎年80万円を積み立て、退職時に3600万円の貯蓄をもち、次に右側の三角形で、年金受給者（4000万人）がその積立を取り崩し、死亡時にすべてその積立を使い果たすことになるので、三角形の面積を求める方法で計算すると、経済全体では、3600万円×1億2000万人÷2＝2160兆円の貯蓄の残高が必要ということになる。これが「モディリアーニの三角形」によって得られる推計である。つまり、一人月額15

万円の支給を年金受給者全員に保障するためには、それが個人の貯蓄によろうと、社会保険によろうと、国全体としてこれだけの金額が必要だということである。

まともな年金といっても、夫婦二人で月額30万円、年間360万円にすぎない。一人暮らしだと、特養老人ホームにも入ることができないレベルにすぎない。この程度でもこれだけの積立が必要となる。

そもそもモディリアーニは、家計の貯蓄行動を説明する要因を求めてこのモデルを考えついた。このモデルがつくられた1950年代当時、どの国を見渡しても、結論として出てきた大規模な貯蓄をおこなっている国民は存在しなかった。つまり国民の貯蓄行動は必要年金額で根拠づけることはできないというのがこのモデルの含意であった。そこで経済学者たちは貯蓄行動を別の要因、たとえば短期的な失業の時期を乗り切るに必要な程度の貯蓄をしているにすぎないだとか、子どもに相続したいと思う資産を貯蓄しているといった動機で説明する方向へ向かった。また当時は、図表1–2で見たように、現在と違って市場金利が高かったので、年金貯蓄を投資に運用することが考えられ、今日の歴史的な低金利の時代とは見方が違ったとも言える。

しかし高金利の時代も過ぎ、奇《く》しくもこのモデルは、年金の本来の必要貯蓄額の概数を導き出し、実際に支払われている賃金からの積立ではまともな額を支給できる年金制度を成り立たせることがそもそも難しいという深刻な問題を映し出す理論となった。つまり賃金と社会保障の制度的補完関係の限界を明瞭に示しているのである。

今このモデルを利用して、日本の年金の不足額を推計するとどうなるだろうか。フロー（単年度）で見ると、国全体での年間の貯蓄必要額は、80万円（年）×８０００万人＝64兆円である。現在の年金歳入は厚生年金、国民年金合わせて50兆円ほどなので、まともな年金をみんなに支払う必要額からの不足額は、単年度で14兆円ということになる。ストック（累積残高）で見ると、先ほどの計算によれば、国全体の必要貯蓄額の累積（ストック）が２１６０兆円であるにもかかわらず、現実の厚生年金と国民年金の積立合計は１４０兆円にすぎない。日本の経済がまともにすべての労働者の老後を支える社会保障を設計すべきであるとすれば、このギャップこそ本来の年金の積立不足と考えるべきであろう。*

仮想的な理論値と現実の歳入との大幅な乖離は、万人の生活を守るという建前と現実との根本的な乖離を示している。すべての国民にまともな年金を支給するどころか、雇用の劣化が続けば、不足額が累積し、将来的には現状維持さえも難しいであろう。

必要な政策的措置

では、年金歳入の理論値と現実とのギャップを補うためには、どの程度の所得再分配が必要であろうか。２０１７年度の国民所得は総額４０４・２兆円であり、うち雇用者報酬２７５・６兆円、財産所得25・8兆円、企業所得１０２・８兆円であった（内閣府「平成29年度国民経済計算年次推計」）。いま、まともな年金（いちおう65歳以上一人15万円の給付とする）を支給するためには、現在の年金約50兆円の年金収入では足りない。さらに年間14兆円以上の年金積立の追加が必要である。したがって年金制度のためだけでも、３・５％の所得を年金基金に追加的に移転することが必要ということになる。

このことから、社会保障を普遍主義的に拡充しようとすれば、2つのやり方がある。1つは、現在の保険料方式を維持する場合の方法で、この場合は、今述べたようにGDPの3・5％幅を雇用者報酬と企業報酬とから保険料として徴収する必要がある。そのためには、家計と企業が保険料率の引き上げに対応できるようにすることが必要である。2つめには、税方式に移行する場合であるが、その際には累進所得税や資産課税によって、同じ規模の所得移転をおこなうことが必要となる。どちらを選ぶにせよ、社会保障財政の帳尻の合う賃上げもしくは所得再分配が不可欠という結論は避けて通れない。

現代資本主義における賃金と社会保障の関係は、あらゆるものは崩れ去るという熱力学の第二法則（エントロピーの法則）に厳密に従っている。年金、医療、失業手当、公的扶助などの社会保障制度の財源は、第一次的な分配（「機能的分配」）の結果である賃金と利潤からの保険料によるが、賃金・利潤という高次の不安定性を低次の社会保障制度は補完することができない。そのことによって、資本蓄積と社会保障の基本関係は崩壊の過程をたどる。

賃金と社会保障、さらに税制のあり方の総合的な再検討が、ぜひともなされるべきである。そうすれば、少なすぎる企業負担と低賃金が根本的に是正される必要があることが明らかとなるであろう。1990年代以降の賃金抑制と非正規化という雇用条件の悪化は、教育、介護支出の増加、消費増税、地方衰退などと相俟って、その負担がとりわけ若い世代の肩に重くのしかかっている。
日本は敗戦から今日までの長きにわたって直接的な戦禍や飢餓を招くような深刻な不況を経験することはなかったため、社会保障制度の大がかりな調整のきっかけがなかった。賃金の全般的抑制と経済格差の拡大は、社会保障制度に内在する問題をさらに悪化させ、事態を複雑にした。そのため、制度のある部分を取り出してそれをいくらいじくりまわしても、それだけでは問題を解決できず、そのことが包括的な代替的政策を考えることを難しくしている。企業側は収益回復のために賃金と雇用条件を抑制することしか頭になく、社会保障制度は避けて通りたい障害物でこそあれ、その再建など眼中にない。こうしたことからも、問題の全体を捉えたうえでの新しい代替案が必要である。

註

〈＊〉アメリカには日本の基礎年金部分に相当するものとして社会保障（Social Security）がある。2018年の給付額の月額平均は単身世帯で1404ドル、夫婦世帯で2340ドルなので、日本の基礎年金と比べてかなり高く、むしろ厚生年金の水準に近い。アメリカにおいてもその将来的な姿は危機的なものと予想されている。エドマンド・フェルプスはニューヨークの著名な証券アナリスト、メアリー・ミーカーの社会保障給付の試算を引用して次のように書いている。「アメリカ人が受け取る給付金の割引現在価値は2010年の終わりに66兆ドルにまで膨れ上がったが、これはアメリカ人の可処分所得の569%にも上る。これと比べれば、アメリカの公的債務がおよそ10兆ドルと言われても、小さい数字に見えてしまう。この社会的富のレベルは、アメリカ人の個人資産を上回る」(Phelps 2013, p. 259)。アメリカの労働者の過半数は、社会保障に加え、日本の厚生年金に相当する企業年金にも入っている。こちらは通常「ペンション」と呼ばれる民間の私的制度である。しかし半数近い労働者は公的年金のみで、企業年金はない。

補論2　なぜ日本では消費税が社会保障のためにならないか？

社会保障のためには消費増税は仕方がないと言われる。その一つの根拠に、ヨーロッパの福祉国家がその社会的支出の財源として消費税（付加価値税）を用いていることがしばしば挙げられる。残念ながら、この議論に対する有効な批判はあまりないように思える。

こうしたヨーロッパの福祉国家との比較で言われる消費税肯定論をどう考えればよいであろうか。ここではこの問題を、日本とヨーロッパの消費税導入の歴史的経緯および経済構造の相違に関連させて見てみたい。

福祉国家が消費税と結びついた歴史的文脈

消費税のような逆進的な税収で高福祉をまかなっている国々として、すぐに思い浮かぶのはフランス、フィンランド、デンマーク、ドイツ、オランダ、スウェーデンなどである。これらの国は1960年代以前に消費税あるいは付加価値税を導入しているが、その経緯は一様ではない。

スウェーデンは、第二次世界大戦後、福祉制度の財源確保のうえで直接税では限界があるとの認識から、医療、年金制度、老人福祉制度の拡充に伴って、関税や物品税など逆進的税制を強化する政策をとった。フランスでは戦前から、直接税が政府の市民生活への介入の象徴とみなされ、伝統的に間接税が高い国であり、その延長で現在に至っている。

しかし多かれ少なかれ、これら高福祉の国では、逆進的税制の導入の時期が、それぞれの社会政策の拡充期と重なったという、特殊な歴史的事情がある。戦後の高福祉国家は、単に社会保障制度のみならず、労使共同決定方式や労働協約制度など、多種多様な社会経済的仕組みを、労使の協調と対立を通して築き上げてきた。税制は労働者の側からすれば、そうした社会契約総体の文脈のなかで捉えられてきたのであり、逆進的税制の受容は、企業側に対する一種の譲歩材料とみなされてきた。これらの国々はいずれも、社会的支出や国庫負担のGDP比が大きく、その比重を今日まで基本的に保持してきた。国民の間には、逆進的な負担があるにせよ、それは社会的給付によって報われるという期待が今もなお強い。

しかしこのように高福祉国家ほど逆進的税制への依存が強いという事実は、「累進税制こそ公平な税制であり、福祉社会はそれを基盤にすべきである」という伝統的な財政学上の通念と、明らかに矛盾する。政治学者ハロルド・ウィレンスキーは、「平等は企業と資産に対する累進所得税によって導かれるというのは神話であって、実際は、より平等で文化的な民主主義国家は、多かれ少なかれ逆進的な税制と、高度に累進的な支出政策を併せ持つ国である」と述べている(Wilensky 2002, p. 715)。こうした逆説的な事態は、逆進税と福祉社会がどうにかこうにか折り合いをつけて、ここまできた結果であった。

新自由主義の時代の消費税

ところが、1970年代以降に消費税や付加価値税の導入に踏み切った国々の状況は、これら福祉大国のそれとはかなり違った様相を呈した。この後発グループには、オーストラリア、ニュージーランド、カナダ、韓国、台湾、それに日本が含まれる。これらの国の消費税、付加価値税は、社会保障の拡充というよりもむしろ、1970年代以降のケインズ主義政策の破綻、新自由主義の台頭を背景にした、財政赤字の削減と供給重視の直接税減税という、先ほどのグループとは根本的に異なる衝動に突き動かされて導入されたものであった（Kato 2003）。

日本は周知の通り、大平内閣の一般消費税、中曽根内閣の売上税と、財政再建を目的に間接税導入が試みられ、竹下政権が消費税を導入する際には「高齢化社会への対応」と、あたかも福祉目的であるかのごとく宣伝されたが、結局は、消費増税分、法人税と所得税の減税がおこなわれた。韓国は、軍事独裁政権のもとで1977年に付加価値税が導入されたが、その契機は、社会保障の拡充というよりは、高度経済成長路線の財源を安定的に確保するためであった。カナダでは1991年に付加価値税である「財貨サービス税」（GST）がマルルーニー保守党政権下で導入されたが、これも1970年代から続いていた財政赤字問題を背景としている。オーストラリアのGSTは、ハワード政権下で2000年に導入された。GSTの導入と引き替えに、所得税の大型減税、法人税の簡素化、石油税・電力税の減税がおこなわれた（鎌倉 2008）。

ちなみにアメリカは、連邦レベルの消費税はない。19世紀末、まだ貧しい農民の国であったこの国では、税制は所得税など直接税を柱にすべきだとの意見が、特に「ファーム・ブロック」と言われる農民と中西部・南部の民主党の間で強かった。農民はそもそも所得が少なかったので、直接税中心は彼らに有利であった。税金は東部の資本家に払わせればよいというのが彼らの考えであった（Prasad 2012）。消費税はむしろ州の財源として留保され、戦後は、こうして高められた直接税を引き下げることに支配層の関心が集中した。アメリカの新自由主義の軸が直接税の引き下げに置かれたのにはこうした訳があった。戦後、アメリカでも間歇的に、連邦の財源として消費税の導入が持ち出されたが、実現に至っていない。

このように、日本を含む消費税後発国では、消費税導入の歴史的文脈がそもそも大きく異なり、消費税がそれぞれの社会的支出の比重を高めることには結びついていない。消費税、付加価値税による追加的な国民負担は、財政赤字の穴埋めや減税に吸収されるという経路をたどった。消費税先発国＝高福祉国家の消費税とは、目的も機能も異なるのである。

経済的歪みの根源＝「二重構造」

ではこうした消費税後発国の消費税と社会保障の断線状態は、単に政策モードの違いであろうか。たとえば日本で新しい政権ができ、政策の基本を変えさえすれば、消費税で社会保障を強化する道に踏み出すことはできるであろうか。この点を考えるうえで重要なことは、第4章で見た「二重構造」の問題である。

「二重構造」とは、大企業と中小零細企業という企業規模間の収益性、技術力、賃金水準などの格差が強いという特徴を指す。ＯＥＣＤのなかでは、日本、韓国、アメリカにおいてこの特徴が強く、ヨーロッパの福祉国家では弱い。前者では、大企業に勤めたときと中小企業に勤めたときとでは、賃金報酬に大きな差が出る。したがって、就職競争が学歴競争につながり、それが末端までの受験競争の激化を生むという社会構造まで、これらの国には共通している。

二重構造の上層は大企業であり、戦後、財政や金融の政策的ターゲットもそこへ集中して経済成長を推し進める路線がとられた。戦後、この構造が問題になったとき、多くの研究者は、経済成長に伴って先進国に追いつけばこうした構造は消滅すると考えたが、現実にはこの構造は今日むしろ強まりつつさえあることについてはすでに述べた。

消費税が社会保障に利用されにくい構造は、より本質的には、この二重構造に起因していると考えられる。経済の二重構造は、日本や韓国では、無数の中小零細企業の経済的努力のうえに大企業が君臨し、資本と技術にものをいわせて輸出を推し進めるシステムの基盤、国際競争力の源泉となる役割を果たしている。

消費税はそもそも逆進的な徴税制度であり、様々な研究が指摘しているように、日本で言えば、それがダメージを与えるのは特に消費税納税義務を免除されていない多数の中小零細企業である。中小零細企業は仕入れに消費税が加算され、さらに売上から預かり税として一時的に消費税を受け取るが、取引上の交渉力が弱いため消費税分を価格に転嫁できず、利益を取り崩さざるをえないため、年度末に（あるいは半年分）まとめて預かり分を納付するだけの余裕がない。逆進的な税の構造が最も重くのしかかるのはこうした中小零細企業である。消費増税によって、経済の二重構造の底は押し下げられ、格差はより深刻なものとなる。

また、一般の勤労世帯についても同じことが言える。ヨーロッパ、特にスウェーデンなどの「連帯賃金制度」は、同一労働同一賃金を基本原則としている。そこでは、生産性が低く賃金コストに耐えられない企業は淘汰され、生産性の高い企業は超過利潤を得る。前者から後者への労働移動を促進することによって、失業の発生を防ぎつつ経済成長を達成する。

つまり、こうした公平と競争力強化を同時に実現する制度にとっては、企業規模間の収益格差や賃金格差が大きくてはならない。二重構造のもとでの逆進的な消費増税はこれとは全く逆で、日本の場合、中小零細企業に勤める勤労世帯を直撃し、経済格差をいっそう助長することによって国際競争力を強めようというのである。

社会保障は累進税でこそ

ヨーロッパの福祉国家と、日本、アメリカ、韓国などとの対照性は、消費税と社会保障の関係において際立っているが、より根元的には、その資本蓄積のあり方と社会保障との基本関係を反映したものであることが、こうしたことから理解できるであろう。経済構造と税制の構造は相互前提関係にあり、歪んだ経済構造の上に安定的な社会保障制度をつくり維持することは難しい。逆進的税制は、二重構造のもとでは、その機動性のメリットよりもむしろ弊害のほうが、より前面に出てくるであろう。

以上のように考えると、日本の消費増税は、日本経済の歪みをさらに増幅することによって、社会保障の基盤を弱めるよう作用するものと考えられる。今日、非正規など不安定就業層が増加し低賃金職種が広がりつつある。消費増税は、年金や医療保険の支払いに追われる人々をますます多くつくりだす。つまり、日本において、消費増税はその構造からして、社会保障の再建には役立ちにくいのである。

わが国の経済の二重構造を根本的に是正するためには、逆進的な税ではなく、強い累進的な税体系こそが必要であり、社会保障制度を通じた所得再分配を強化することが求められる。その意味から、われわれは累進税制を重視する伝統的な財政民主主義の考え方に立ち戻るべきである。社会保障を立て直すためには、消費増税に飛びつくのではなく、二重構造に対処する明確な展望をもったリベラルな政権と政策を打ち立てることが必要である。

補論3　フランク・ロイド・ライトの都市構想

――小規模都市と農業の分散的融合

建築と都市

アメリカの建築家フランク・ロイド・ライト（Frank Lloyd Wright, 1867-1959）は、「プレイリースタイル」と呼ばれる端正な住宅デザインと、「有機的建築」（organic architecture）という概念に基づく設計思想によって知られ、今日もなお多くの支持を集めている。しかし、ライトが語られる際に、現代の技術と都市文明に潜《ひそ》む抑圧的で非人間的な性格、さらにそれらを不可避的に生み出す資本主義システムを彼が激しく批判したことに言及されることは少ない。

できあがったばかりのニューヨークのエンパイアステートビルを見たライトは、それを「一時代の終焉を告げる墓標」と語った。ライトによれば、都市化され群生本能の奴隷となった市民は、自己の存在目的を見失い、生産はしても創造はしない。彼は、人口過密と危険によって、このような都市は歴史的に淘汰されるであろうと述べている。

ライト没後、半世紀以上が経過した。現代的都市は今日、ライトの見通しにもかかわらず、「淘汰」どころか、ますます肥大化しつつある。経済学者は都市への産業集積のメリットを語り、社会学者は国家をも上回る都市機能の相互連関の重要性を語っている。しかしこのことは、ライトの予言が的外れであったことを意味するであろうか。もはやライトを語る場合に、われわれはライトの建築とその資本主義批判とを切り離し、後者を無価値な妄言として視野の外に置くべきであろうか。

私にはそうは思えない。私たちが日常的に抱えている問題、たとえば、都市への人口集中と地方の衰退、地価・住居費の高騰、ゴミ問題、交通事故、インフラ整備の負担などを考えた場合、20世紀の都市が、それ以前の文明都市と比較して機能面で優れておりコスト節約的であると断言することはできない。あるいは都市の利便性があったとしても、都市の存続自体が、人間の共同性を破壊し、地方を停滞させるという多大な犠牲を社会全体に押しつけることによって成り立っている。このように考えた場合、20世紀の入口で20世紀的文明を批判したライトの思想の跡をたどることには、今日的な意味がある。

機械と文明

ライトは、都市における人間の疎外状況から議論を始める。

「人類の遺産としての大地の価値は、集中した都市においては彼の手の届かないものである。集中によってあらゆる都市が過度に膨らみすぎている。都市化された市民は、群衆が醸《かも》し出す催眠的な温情、圧迫、あるいは賞賛に幸せを感じる。かつて鳥のさえずりや小枝を払う風の音、動物の叫び声、愛しい人々の話し声や歌が人々の心を充たしたが、都市では、ひしめく群衆と機械による騒音が彼の頭と耳を充たす」(Wright 1945, p.1)

こうしたライトの都市観の根底には、機械に対する批判がある。ライトが機械の資本主義的使用について語るとき、彼の建築論が資本主義システムそのものに対する批判に立脚したものであることがわかる。

「現代的機械によって用いられた巨大な資源は必然的に、労働者の存続に敵対する作用を果たす」(p.3)、「機械設備が増えると、生産総量はますます増加し、世界市場の支配を目指す総機械化による総力戦がますます進む。機械はますます戦争のエンジンとなる。現在、賃金奴隷制の制度化の宣伝がどこでもニュースになっている。機械が開放するますます多くの人間の能力は、制度的にも理論的にも骨抜きにされ、消滅してしまう。これこそ本書が生産者に対抗して消費者を擁護すべく有機的建築を提唱する理由にほかならない」(pp. 129-30)

現代社会において機械は、それにふさわしい位置を与えられていないために有害であり、その弊害は市民生活の存続を脅かすのみならず、戦争や海外市場支配への衝動をさえ生み出すとライトは捉えている。別の箇所でライトは、「富者と貧者とを合わせた収入でも、生産される財貨を買うことはできない」(p. 56) と述べ、一般に高い生産性による余剰経済と過少消費の矛盾を念頭に置いているが、そこには、人間の必要を上回る生産力がある以上、人間の必要に応じて生産量が調整されねばならないと同時に、完全雇用の要求も市民にとって十分でなく、むしろ有害で、

図　ブロードエーカーシティのレイアウト

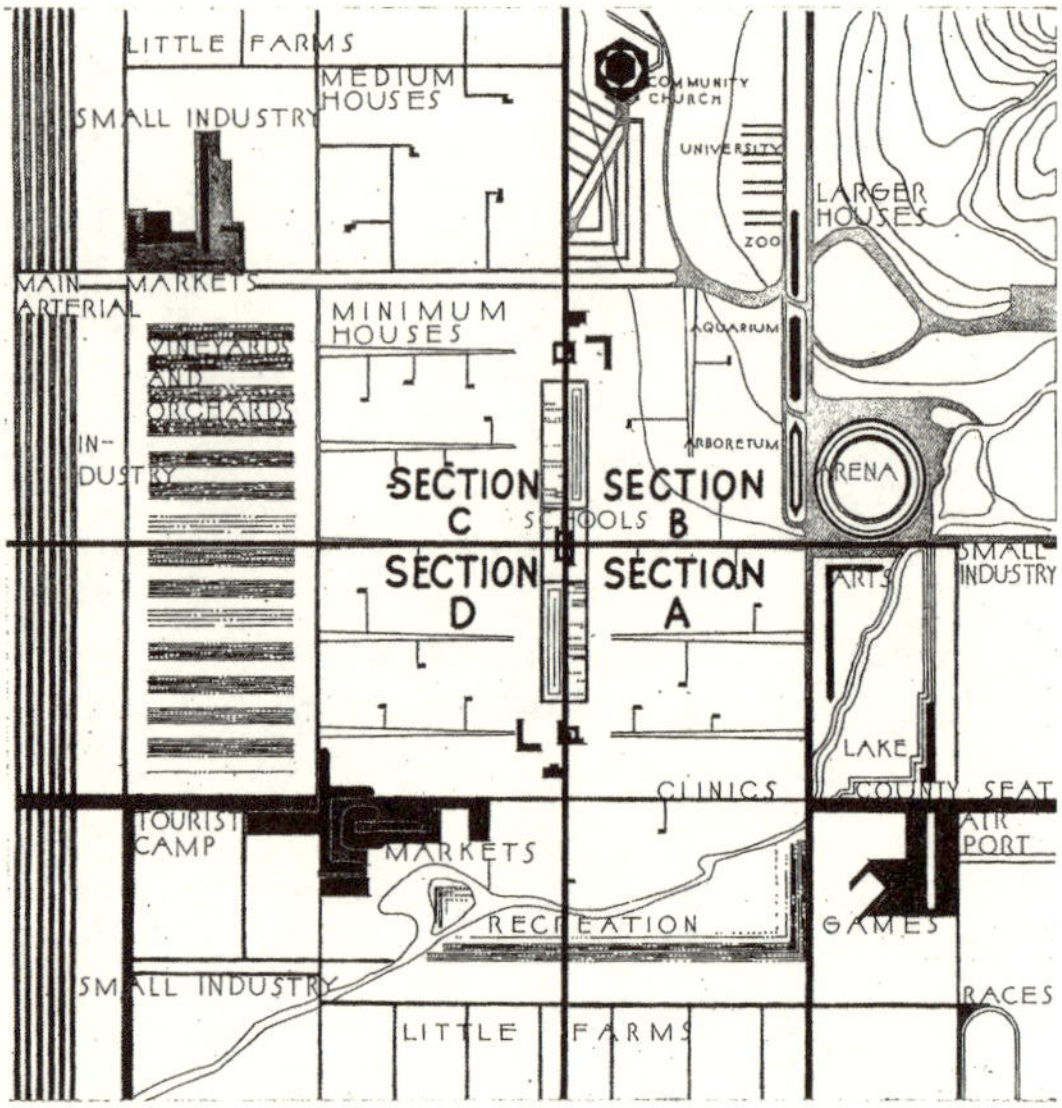

（出所）Wright（1945）p. 59.

それは市民を都市と資本の奴隷にする手段にすぎないとの考え方がある（p. 35）。

「ブロードエーカー・シティ構想」

ライトは、１９３２年に「ブロードエーカー・シティ」（Broadacre City）という新しい都市モデルを発表した。同年の著書『消滅する都市』（*The Disappearing City*, 1932）において、ライトはその構想の趣旨を明らかにしている。この構想は、１９３５年の産業芸術博覧会へ模型が出品されている。

さらにその後、同書が修正補足される形で、１９４５年に『民主主義の興隆』（*When Democracy Builds*, 1945）、さらに１９５８年、ライトが亡くなる半年前に『生きている都市』（*The Living City*, 1958）として発表された。つまり、ライトは自らの後半生を、多くの建築作品を手がけると同時に、そもそもの彼の都市構想を入念に仕上げる作業にあてたと言ってよい。あるいはむしろ、ライトにおいて、建築とは、もはや単なる住居や公共施設のデザインにとどまらず、都市計画や国家のプランニングにも及ぶ壮大なヴィジョンと不可分一体で展開されたと言うべきかもしれない。
ライトは、ブロードエーカー・シティを、既存の現代的工業都市に対置すべきものとして構想した。それは既存の都会でも村でもなく、一軒当たり1エーカー（約1200坪）から10エーカーを単位とした土地の分割に基づき、現代的交通手段と通信設備によって結びつけられたネットワーク型都市である（図）。そこでは商工業と農業とが一体となり、協同組合的流通が整備され、大都市に行かなくても教育や文化・芸術に誰もが容易にアクセスできるというものである。

地域的に「分散」した都市が「再統合」される。これはこれまでの古い都市への「集中」とは全く逆の方向で、各都市を芸術的、宗教的、科学的につくり変える。「分散」と「再統合」は国全体を有機的に結びつけ、よりよい生活を生み出すのみならず、生活、余暇、文化のための新たな枠組みを与える。

「自由な都市、それは夢であろうか。確かに一つの幻想であろう。理想は常に事実に先立ち、それを予見する。しかし私がここに記してきたことは、実行可能な理想のアウトライン以上のものであり、それはすでに動き出しつつある」（p. 121）

都市の経済構造

ブロードエーカー・シティの経済構造を知るためには、1945年と1958年の著書の第4章の数節を理解する必要がある。その要点を示せば次の通りである。

●人間は過去の遺産と自然に依存しているという意味でパラサイト的な性格をもっている。過去の遺産とは機械による生産性であり、そのおかげで貧困は過去のものとなった。機械の生産性が生み出す製品の量は、富裕者と貧困者の消費力を超えている。機械によって、人々が働かなくなっても、生活することはできる。「完全雇用」はもはや必要ではない。機械によって解放されたエネルギーをほかの、「生計を立てる」ことと直接関わらない何か楽しいことに向けることが重要である。人々は、時間に縛られたり、生活のために隷従を余儀なくされたりすることはない。彼は彼自身がなりたいものになれる。これはわれわれが過去から受け継いだ価値ある遺産であり、彼がこの遺産を相続できるのは民主主義のもとでのみである。

●工場、農園、オフィス、商店、住宅、劇場、学校は10分以内の距離にあり、人々はタクシーを拾うように無線でコントロールされる交通手段で行き来する。トラックは幹線道路上を走らず、電柱電線は地下に埋設される。道路、緑地は公共的に管理され、管理建築家、風景建築家、および建造物技術者が管理を担当する。

●ブロードエーカー・シティでは、人々は本源的な遺産である土地を保有することができる。農業が都市に組み込まれ、生産農家は5エーカーから40エーカーの自らの土地を耕作する。トラクターなど大きな農業機械はグループで共同利用される。生産者と消費者とが直接結びつき、家庭菜園と小農園とが合わさって、人々はわずかな時間を農園での作業に費やすことで、新鮮な野菜を常時入手することができる。しかし、必ずしもみんなが農業従事者である必要はない。抑圧的な労働からの解放と、生産と生活との結びつきに、民主主義への真の道が存在する。

考　察

ライトのブロードエーカー・シティ構想はいくつかの要素からできている。第一に、政策的な視点で見ると、広大な土地を区画し分有するというアイデアは、南北戦争後、西部の土地を自営農民に開放したホームステッド法と似ているが、それは単なるアメリカ的なノスタルジーではない。確かに彼の理想は、19世紀の都市化される以前の共同性に基づく生活倫理に律せられ、労働によって制御されるアメリカ社会の理念と重なるが、ブロードエーカー・シティ構想は、都市化された現代社会の批判という文脈において、現代的な高い生産力、輸送手段や生活手段の豊富さを前提にした平等な分配と、民主主義的な政治制度によって共同性を復活させようというのである。

都市化が急激に進む必然性は、競争的あるいは独占的な市場経済そのものにある。そのなかに浮かぶ地域的な狭いエリアで自己完結的な生産コミュニティを維持しうると考えるライトの構想は確かに空想的であり、その理想へどのように移行するかの議論も描かれてはいない。しかし、大都市と近郊の巨大企業を中心に垂直的につくりあげられた分業構造のシステムをどのように地域に吸収するのかといった問題は、当時も現在も現実的な政策的課題としてある。その際に、このようなある種の持続可能な都市のモデルは問題解決の手がかりとなりうる。ライトの都市構想の現代的な意味はこの点にある。

農業とその他の生産活動、余暇などを都市の単位で融合させるという構想は、19世紀の各地でおこなわれたユートピア的な実験と共通するが、今日われわれが目にする、巨大なフードシステムとして発展したアメリカの農業や、壮大なサプライチェーンを基盤とするグローバルな小売業のネットワークとは全く逆の戦略である。しかし、わずかな労働による分散型の農業で基本的な食料供給が可能であるという理解は、日本の地方再生を考えるうえでも重要である。

第二に、経済的に見ると、人間は社会的生産力の相続者として基本的な生活欲求を満たす手段を受け取る権利があり、社会が歴史的に培った生産力によって生み出す経済余剰は社会的に分配されるべきであるとライトは考えている。この思想は、19世紀末のレオナルド・ホブハウスら「イギリス新自由主義」(the new liberalism)と共通するものであるが、それだけでなく、ライトの構想には、明示的ではないが、1920年代にクリフォード・ダグラスが提唱した、個別的な所得保障によって生産と消費のギャップを埋めるという「社会信用論」の影響が見られる。[*1]

アメリカの社会学者ロジャー・フリードランドと現代建築史の専門家ハロルド・ゼルマンは、ライトが社会信用論を3番目の妻オルギヴァンナ(Olgivanna Lloyd Wright, 1898-1985)の紹介によって知り合ったオレイジ(Alfred Richard Orage,1873-1934)を通じて知ったと述べている(Friedland and Zellman, 2006, p. 260)。オレイジはイギリス人の雑誌編集者で、ギルド社会主義に参加し、のちにダグラスの影響を受けた人物である。オレイジのアイデアに強い印象を受けたライトは、ブロードエーカー・シティ構想にそれを組み込んだのである。

生産システムの効率性上昇に応じた購買力の保障という、今日でいうベーシックインカム型の所得保障のアイデアを都市計画に組み込もうとしたことは、ライトの議論の革新的な部分である。都市の生産と分配の機能を本質的に規定することなしに都市計画はありえず、したがって都市を計画する者こそ、既存の経済構造の詳細を批判的に捉える必要があるとライトは考えたのである。[*2]
ダグラスおよび同種の所得保障論が、その後のケインズ主義的な完全雇用政策の台頭の前に埋没する運命をたどったのと同様、ライトの思想も十分な注意を払われず忘れ去られた。こうして彼の建築や有機的建築論は、常に高い評価と世間の注目を集めたものの、その背後にある思想との関連は断ち切られ、ライトの議論が社会思想史上にふさわしい地位を占めることはなかった。

註

〈＊1〉喜劇俳優チャールズ・チャップリンも、ダグラスの社会信用論に影響を受けたことについて、『自伝』のなかで書いている。「『街の灯』の撮影中に株式市場が暴落した。幸いにもわたしは、クリフォード・ダグラス少佐の『社会信用論』を読んでいたので、被害を免れた。この本は資本主義経済の構造を分析、図解し、基本的にはすべての利益は賃金から生まれることを論じたものだった。したがって失業は、利益の減少と資本の縮小を招くことになる。わたしはこの説にひどく感心して、合衆国の失業者数が１４００万人に達した１９２８年に手持ちの株と債券をすべて売却し、資本を現金に換えていたのである」(Chaplin 1964, p.328)

〈＊2〉「宇宙船地球号」という言葉を提唱したマサチューセッツ出身の建築家バックミンスター・フラー(Richard Buckminster Fuller, 1895-1983）は、１９３０年代にダイマクシオン（Dymaxion）と呼ぶ大量生産された安価な住宅を飛行船などで空中につり上げて好みの場所に設置し、都市インフラの政治的支配と貧困者の住宅問題を解消しようとする提案をおこなったが、彼も自らの計画をダグラスの社会信用の構想と結びつけている（Goodman and Goodman 1947, pp. 39-42）。

あとがき

プーシキンの戯曲『ボリス・ゴドゥノフ』（佐々木彰訳、岩波文庫）は、16世紀末以降の大飢饉のもとでのロシアの政治動乱を描いた作品である。

イワン四世とその子フョードル一世の悪政に耐えかねた貴族や民衆は、家臣団の筆頭であったボリス・ゴドゥノフを立てて対抗した。ボリスは評判の悪い人物であったが、イワン親子よりはましだろうと期待されたからである。貴族と民衆は「ボリスが我らの帝王だ！　ボリス万歳！」とその就任を祝福した。

ところがボリスも政権を握るや貴族や反乱民衆を弾圧し、圧政を始めた。民衆は、ボリスが王位につくために、フョードルの子、皇太子ドーミトリーを殺害したことを知る。すると間もなく、殺されたはずの皇太子ドーミトリーを名乗るグリゴリーという男が現れた。貴族たちは、今度はこのグリゴリーを押し立ててボリスの追い落としを図り、グリゴリーが新しい皇帝となった。しかし民衆は、グリゴリーもまたボリスを毒殺したことを察し、人物に疑いをもちはじめる。

即位式で貴族たちは民衆に向かって言う。「なんでお前たちは黙っている？　叫ぶのだ、ドーミトリー・イワノビッチ万歳と」。政争の愚に飽き飽きした民衆は、その呼びかけに応えず冷ややかな沈黙を守った、という話である。

プーシキンは、沈黙という民衆の消極的な抵抗に、その後の帝政ロシアの時代閉塞の状況を覆す原動力を見た。この作品が恐れられ、上演禁止となった所以である。

今や日本だけでなく、世界のいたるところ、破壊的な言動で既存の政治を批判し、期待を振りまくボリス・ゴドゥノフだらけであり、ボリス的なものに歓声を上げる民衆が多くいる。また、既存の政治に対する不信は、国政選挙の低投票率にも現れている。

しかし、社会的反発なしには、経済停滞のもとで国民の生活を守ることはできない。必要なことは、そうした人々のアパシーに沈黙以上のもの、すなわち現実的で意味のある選択肢を示すことである。

本書は、長期停滞のもとで、賃金システムと社会保障制度を誰もが共通の利害をもてるよう改革すべきことを主張し、ベーシックインカムの必要性を強調した。そのような政策のみが、政治と政策論争を広い層に開かれたものにすると考えるからである。

私がベーシックインカムを知ったのは、ゲッツ・ヴェルナーやアンドルー・グリンの翻訳書を通じてであったから、2007年頃だったであろう。その後、ダニエル・ラベントスや、小沢修司氏、山森亮氏らの著作を読んで強く興味をもち、徐々に研究を進めた。2010年に、日本科学者会議の雑誌『日本の科学者』に、「新しい経済社会の可能性——日本経済の新たな二重構造と労働市場・社会保障」といういささか長い表題で、ベーシックインカムを組み込んだ経済改革の方向性を描いた、ごく短い論文を書いた。本書は、その小論の内容を展開したものである。

その小論から10年近くが経ち、ベーシックインカムは、その間、多くの人々に知られるようになり、支持者も増えてきた。このことは喜ばしいかぎりである。しかし、それは経済改革を求める理論や運動の成果というより、経済状況の悪化による国民生活の逼迫の産物と言うべきである。また、その間、内外の政治情勢も変貌を遂げた。国際的には、長引く中東での戦争、EU離脱や移民排斥を求めるポピュリズムの台頭、国内では、安倍政権ができ、安保政策の露骨な対米従属的強化、辺野古新基地建設、森友・加計問題など甚だしい政治腐敗の問題が噴出し、内外問わず、リベラル派、左派は防戦に追われ、気がついてみると、野党の側に旗印となりうる共通の経済スローガンがないまま、国民が分断された状態に置かれて今日に至った感がある。

経済的な安定なくして、人々が理性的な政治判断をおこなうことは難しい。経済的困窮は、強い者への抵抗を生み出すと同時に、強い者に依存し、少数者を排撃しようとする衝動をも人々に植えつける。そのことによって、政権党への依存、大企業依存、原発依存、基地依存、アメリカ依存、移民やマイノリティへの差別、経済的弱者切り捨ての磁場が強まる。したがって経済問題を打開することは、政治構造の壁を破ることと不可分であり、政治と経済の両面からこの磁場を覆す論理と政策が必要である。

今日の長期停滞と19世紀末の長期停滞とは、戦争との関係という面でも共通性がある。19世紀末の長期停滞の一つの帰結は、戦争（1898年米西戦争、1899―1902年米比戦争）であった。戦争によるアメリカの支配領域の対外的拡大は、当時の経済矛盾にその捌け口を与えた。確かに経済的利益の追求が戦争に結びつく経路は当時も今も、常に曖昧である。逆に言えば、経済的利害と戦争政策が距離をとって存在するからこそ戦争政策は意味をもつのであり、戦争政策の固有の意義は、戦争にまつわる直接的な利害関係を隠蔽することにある。経済と戦争に直接の因果関係は見出しにくいが、確かにそれは存在する。19世紀末の戦争は、アメリカがパナマ運河の支配やラテンアメリカの天然資源の確保を追い求めた一つの帰結であった。[*1] こうした歴史は、今日のアメリカの戦争政策と相似形である。[*2]

今日の経済的な閉塞状態は、アメリカを中東やラテンアメリカへの無責任な介入、あるいは対中国、対北朝鮮問題への強硬な対応に向かわせ、日本の追随を促す危険性がある。安全保障政策の面での抵抗線を強めることは喫緊の課題であり、そのためにも広範な人々を結集しうる経済政策が必要である。

註

〈＊1〉経済史学者ハロルド・フォークナーが言うように、これらの戦争は国内経済の行きづまりと無関係ではない。「アメリカは海外の領土獲得競争への遅れた参加者であったが、その熱意は強大であった。（中略）アメリカの資源はあらゆる国のなかで最大であり、それらは開発を待っていた。生産の約10

分の9は国内で消費されたが、残りの輸出額は1898年には10億ドルを超えていた。これらは海外市場を重要な問題とするのに十分な大きさであった」(Faulkner 1960)。現在の歴史学者たちは、この時代の戦争の原因を直接的に経済と結びつけることには慎重でありつつも、資本主義の膨張傾向を巧みに描いている。米西戦争の経緯に関わって歴史学者ブルース・カミングスは次のように述べている。「事後的に言えば、特定の政権が膨張主義的な遠隔地での行為を認めないことも、あるいはやめさせることもできたかもしれない。しかしどの政権もあえてそうはしなかった。膨張主義はいわば眼前の平野に広がる好機に向かうことで成立していた。さらに重要なことに、邪魔だてする者が立ちふさがることもなかったのである」(Cumings 2009)

〈＊2〉ケネス・J・ヘイガンとイアン・J・ビッカートンは、著書『アメリカと戦争――「意図せざる結果」の歴史』において、次のように米西戦争の歴史と今日とを結びつけている。「マッキンリーは、帝国的膨張という『大政策』を提唱するセオドア・ローズヴェルト、アルフレッド・セイヤー・ハマン提督、ヘンリー・ガボット・ロッジ上院議員を含む強力な同盟者や友人に囲まれていた。その様子は、ブッシュ大統領が、世界に民主主義を広げ市場主義を拡張するというアメリカ合衆国の目的を達成するために、一方的な軍事力の行使を力説する、強力なネオコンに取り囲まれていた様子と酷似していた」(Hagan and Bickerton 2012)

初出一覧

第1章　「資本主義はいまどのような段階にあるか?」書き下ろし
第2章　「長期停滞下の資本主義経済」『経済』2018年7月号
第3章　「ポスト・ニューディール型経済システム」書き下ろし
第4章　「日本の長期停滞と賃金・社会保障」書き下ろし
第5章　「日本の財政と金融をどうするか」書き下ろし
第6章　「『ケアチェーン』と社会保障の周縁」『緑の風』2017年10月号
第7章　「日本経済とベーシックインカム」『緑の風』2017年12月号、2018年2月号
第8章　「現代尊農論――ベーシックインカムによる地方再生」『緑の風』2016年4月号
補論1　「賃金と社会保障」『緑の風』2017年8月号、9月号
補論2　「なぜ日本では消費税が社会保障のためにならないか?」『緑の風』2014年3月号
補論3　「フランク・ロイド・ライトの都市構想」『緑の風』2016年5月号

引用文献

外国語文献

Acemoglu, Daron and Pascual Restrepo（2017）Secular Stagnation? The Effect of Aging on Economic Growth in the Age of Automation, *American Economic Review: Papers & Proceedings 2017*, 107(5),174-79.

Alexander, Lewis and Janice C. Eberly（2018）Investment Hollowing Out, *IMF Economic Review*, Vol. 66, Issue 1.

Anderson, Sarah（2014）Wall Street Bonuses and the Minimum Wage, Institute for Policy Studies, March 12.（http://www.ips-dc.org/wall_street_bonuses_and_the_minimum_wage/）

Appelbaum, Yoni（2016）Why Donald Trump Supporters Are Voting Alone: Most Donald Trump voters are civically disengaged—a fact that may yet cost him the nomination. *The Atlantic*, April 7.

Aristotle（1946）*The Politics of Aristotle*, Trans. Ernest Barker, Oxford At the Clarendon Press.（『アリストテレス全集 17』神崎繁，相澤康隆，瀬口昌久訳，岩波書店，2018年）

Avent, Ryan（2016）*The Wealth of Humans: Work, Power, and Status in the Twenty-first Century*, St. Martin's Press.（『デジタルエコノミーはいかにして道を誤るか――労働力余剰と人類の富』月谷真紀訳，東洋経済新報社，2017年）

Baumol, William J.（2012）*The Cost Disease: Why Computers Get Cheaper and Health Care Doesn't*, Yale University Press.

Bussière, Matthieu, Laurent Ferrara and Juliana Milovich（2015）Explaining the Recent Slump in Investment: the Role of Expected Demand and Uncertainty, *Document de travail n°571*, Banque de France.

Buchanan, James M., Richard E. Wagner and John Burton（1978）*The Consequences of Mr. Keynes: An Analysis of the Misuse of Economic Theory for Political Profiteering, With Proposals for Constitutional Discipline*, Transatlantic Arts.（『ケインズ財政の破綻』水野正一，亀井敬之訳，日本経済新聞社，1979年）

Cappelli, Peter（1999）*The New Deal at Work: Managing the Market-Driven Workforce*, Harvard Business School Press.（『雇用の未来』若山由美訳，日本経済新聞社，2001年）

Chaplin, Charles（1964）*My Autobiography*, The Bodley Head Ltd.（『チャップリン自伝』中野好夫訳，新潮社，1966年）

Cingano, Federico（2014）Trends in Income Inequality and Its Impact on Economic Growth, OECD Social, Employment and Migration Working Papers, OECD.

Corkery, Michael and Stacy Cowley（2017）Household Debt Makes a Comeback in the U.S., *The New York Times*, May 17.

Crotty, James（2012）The Great Austerity War: What Caused the US Deficit Crisis and Who Should Pay to Fix It?, *Cambridge Journal of Economics*, 36, 79-104.

Cumings, Bruce（2009）*Dominion from Sea to Sea: Pacific Ascendancy and American Power*, Yale University Press.（『アメリカ西漸史――《明白なる運命》とその未来』渡辺将人訳，東洋書林，2013年）

Dabla-Norris, Era, Kalpana Kochhar, Nujin Suphaphiphat, Frantisek Ricka and Evridiki Tsounta（2015）Causes and Consequences of Income Inequality: A Global Perspective, IMF Staff Discussion Note, IMF.

Davis and Haltiwanger（1991）Wage Dispersion Between and Within U.S. Manufacturing Plants, 1963-86, *Brookings Papers: Microeconomics*, pp. 115-80.

Dean, Hartley（1991）*Social Security and Social Control*, Routledge.

Despain, Hans G.（2015）Secular Stagnation, *Monthly Review*, September.

Dore, Ronald (1959) *Land Reform in Japan*, The Oxford University Press.（『日本の農地改革』並木正吉，高木径子，蓮見音彦訳，岩波書店，1965年）

Eco, Umbert (1997) *Cinque Scritti Morali*, Bompiani.（『永遠のファシズム』岩波現代文庫，2018年）

Edelman, Gilad（2017）The Democrats Confront Monopoly, *Washington Monthly*, November/December.

Edsall, Mary D. and Thomas Byrne Edsall（1992）*Chain Reaction: The Impact of Race, Rights, and Taxes on American Politics*, W. W. Norton & Company.（『争うアメリカ――人種・権利・税金』飛田茂雄訳，みすず書房，1995年）

Edsall, Thomas B. (2016) *The Democratic Coalition's Epic Fail*, The New York Times, November 10.

Eichengreen, Barry（2015）Secular Stagnation: The Long View, *American Economic Review: Papers & Proceedings 2015*, 105(5),66-70.

Faulkner, Harold Underwood（1960）*American Economic History*, Eighth Edition, Harper and Row Publishers Inc.（『アメリカ経済史』下，小原敬士訳，至誠堂，1969年）

Field, Alexander（2009）The Great Depression, the New Deal, and the Current Crisis, *Challenge*, Vol. 52, No.4,（July- August）.

Foster, John Bellamy, Robert W. McChesney and R. Jamil Jonna（2011）Monopoly and Competition in Twenty-First Century Capitalism, *Monthly Review*, April.

Freeman, Richard（2007）*America Works: Critical Thought on the Exceptional U.S. Labor Market*, Russell Sage Foundation.

Friedland, Roger and Harold Zellman（2006）*The Fellowship: The Untold Story of Frank Lloyd Wright and the Taliesin Fellowship*, Harper Collins Publishers.

Frey, Carl Benedikt（2015）How to Prevent the End of Economic Growth: How the digital economy could lead to secular stagnation, *Scientific American*, 1st January.

Furman, Jason（2016）Productivity, Inequality, and Economic Rents, *The Regulatory Review*, 13 January.

Galbraith, J. Kenneth（1992）*The Culture of Contentment*, Houghton Mifflin Company.（『満足の文化』中村達也訳，新潮文庫，1998年）

Glyn, Andrew（2006）*Capitalism Unleashed: Finance, Globalization, and Welfare*, Oxford University Press.（『狂奔する資本主義――格差社会から新たな福祉社会へ』横川信治，伊藤誠訳，ダイヤモンド社，2007年）

Goodman, Percival and Paul Goodman（1947）*Communitas: Means of Livelihood and Ways of Life*, Chicago University Press.

Gordon, Andrew（2017）New and Enduring Dual Structures of Employment in Japan: The Rise of Non-Regular Labor, 1980s–2010s, *Social Science Japan Journal*, Vol. 20, No. 1, pp 9–36.

Gordon, Robert（2015）Secular Stagnation: A Supply-Side View, *American Economic Review: Papers & Proceedings 2015*, 105(5), 54-59.

――（2017）*The Rise and Fall of American Growth: The U.S. Standard of Living Since the Civil War*, Princeton University Press.（『アメリカ経済　成長の終

焉』上・下，高遠裕子，山岡由美訳，日経BP社，2018年）

Graeber, David（2011）*Debt: The First 5000 Years*, Melville House Publishing.（『負債論――貨幣と暴力の5000年』酒井隆史監訳，高祖岩三郎，佐々木夏子訳，以文社，2016年）

Grullon, Gustavo, Yelena Larkin and Roni Michaely（Forthcoming）Are U.S. Industries Becoming More Concentrated?, *Review of Finance*, Geneva Research Finance Institute.

Habermas, Jürgen（1991［1962］）*The Structural Transformation of the Public Sphere: An Inquiry into a Category of Bourgeois Society*.（『公共性の構造転換――市民社会の一カテゴリーについての探究』細谷貞雄，山田正行訳，未來社，1994年）

――（1973）*Legitimation Crisis*, Trans. by Thomas McCarthy, Beacon Press.（『後期資本主義における正統化の問題』山田正行，金慧訳，岩波文庫，2018年）

Hagan, Kenneth J. and Ian J. Bickerton（2012）*Unintended Consequences: The United States at War*, Reaktion Books.（『アメリカと戦争　1775-2007――「意図せざる結果」の歴史』高田馨里訳，大月書店，2010年）

Hanke, Steve H.（2016）U.S. Secular Stagnation? Cato Institute.

Harrison, Bennett, and Andrew Sum（1979）The Theory of "dual" or Segmented Labor Markets, *Journal of Economic Issues*, Vol.13, No. 3, September, pp. 687-706.

Hein, Eckhard（2016）Secular stagnation or stagnation policy?: Steindl after Summers, *PSL Quarterly Review*, vol. 69 n. 276（March 2016）, 3-47.

Hobsbawm, Eric. J.（1964）*Labouring Men: Studies in the history of labour*, Weidenfeld & Nicolson.（『イギリス労働史研究』鈴木幹久，永井義雄訳，ミネルヴァ書房，1968年）

――（1975）*The Age of Capital: 1484-1875*, Weidefeld and Nicolson.（『資本の時代――1848-1875』柳父圀近，長野聡，荒関めぐみ訳，みすず書房，1981年）

Hochschild, Arlie（2000）Global Care Chains and Emotional Surplus Value, in Hutton, W. and Giddens A. eds, *On the Edge: Living with Global Capitalism*, Jonathan Cape.

Hoopes, James (2003) *False Prophets: The Gurus Who Created Modern Management and Why Their Ideas are Bad for Business Today*, Basic Books.（『格差社会とアメリカン・ドリームの復活——歴史から見る企業の役割と民主主義』小山久美子訳，彩流社，2015年）

Kato, Junko (2003) *Regressive Taxation and the Welfare State*, Cambridge University Press.

Kropotkin, Peter (2018［1902］) *Mutual Aid: A Factor in Evolution* (English Edition), Jonathan-David Jackson.（『相互扶助論』（増補修訂版），大杉栄訳，同時代社，2017年）

Kuznets, Simon Smith (1964) *Postwar Economic Growth, Four Lectures*, Harvard University Press.（『戦後の経済成長』山田雄三，長谷部亮一訳，岩波書店，1966年）

Ladejinsky, Wolf (1978) *Agrarian Reform as Unfinished Business: Selected Papers*, World Bank Research Publications.（『農業改革　貧困への挑戦』斎藤仁，渡辺俊彦，高橋満監訳，日本経済評論社，1984年）

Lavoie, Marc (2016) The Origins and Evolution of the Debate on Wage-led and Profit-led regimes, unpublished.

Lazonick, William (2014) Profits Without Prosperity: How Stock Buybacks Manipulate the Market, and Leave Most Americans Worse Off, *Harvard Business Review*, September.

Levin-Waldman, Oren M. (2018) The Inevitability of a Universal Basic Income, *The Challenge*, 61:2, pp. 133-55, March.

Levinson, Marc (2016) *An Extraordinary Time: The End of the Postwar Boom and the Return of the Ordinary Economy*, Basic Books.（『例外時代——高度成長はいかに特殊であったのか』松本裕訳，みすず書房，2017年）

Lynn, Barry C. (2009) *Cornered: The New Monopoly Capitalism and the Economics of Destruction*, Wiley.

Mason, Paul (2015) *Post Capitalism: A Guide to Our Future*, Penguin.（『ポストキャピタリズム——資本主義以後の世界』佐々とも訳，東洋経済新報社，2017年）

Mauldin, John (2016) US Nonfinancial Debt Rises 3.5 Times Higher than GDP, *Forbes*, April 18.

McKay, Ailsa (2005) *The Future of Social Security Policy: Women, Work and A Citizens Basic Income*, Routledge.

Meltzer, Allan H. (2012) *Why Capitalism*, Oxford University Press.

Modigliani, Franco (1985) Life Cycle, Individual, Thrift and the Wealth of Nations, Nobel Lecture.

Mokyr, Joel (2005) The Intellectual Origins of Modern Economic Growth, *The Journal of Economic History*. 65 (2), 285–351.

Montgomery, David R. (2007) *Dirt: The Erosion of Civilizations*, University of California Press.（『土の文明史』片岡夏実訳，築地書館，2007年）

Murphy, Robert (2011) My Reply to Krugman on Austrian Business-Cycle Theory, Mises.org, Mises Institute, January 24.

National Resources Planning Board (1942) *Security, Work, and Relief Policies*, 78th Congress, 1st session, The House of Representative, Document Number 128, part. 3.

Nichols, John (2011) *The "S" Word: A Short History of American Tradition...Socialism*, Verso.

North, Douglass C. (1990) *Institutions, Institutional Change and Economic Performance*, Cambridge University Press.（『制度・制度変化・経済成果』竹下公視訳，晃洋書房，1994年）

Ohanian, Lee E. (2009) What- or Who- Started the Great Depression?, Working Paper UCLA and Federal Reserve Bank of Minneapolis.

Onaran, Özlem and Giorgos Galanis (2012) Is Aggregate Demand Wage-led or Profit-led?: National and Global Effects, ILO Working Papers, Conditions of Work and Employment Series No. 40, Geneva.

Onaran, Özlem (2014) The Case for a Coordinated Policy Mix of Wage-led Recovery and Public Investment in the G20. Greenwich Academic Literature Archive.

Onaran, Özlem and Thomas Obst (2016) Wage-led Growth in the EU15 Member States: The Effects of Income Distribution on Growth, Investment, Trade Balance, and Inflation, Post Keynesian Economics Study Group Working Paper 1602.

Phelps, Edmund (2013) *Mass Flourishing: How Grassroots Innovation Created Jobs, Challenge, and Change*, Princeton University Press.（『なぜ近代は繁栄したの

か——草の根が生みだすイノベーション』小坂恵理訳，みすず書房，2016年）

Piketty, Thomas（2014）*Capital in the Twenty-First Century*, Harvard Belknup.（『21世紀の資本』山形浩生，守岡桜，森本正史訳，みすず書房，2014年）

Piore, Michael J.（1983）Labor Market Segmentation: To What Paradigm Does It Belong?, *American Economic Review*, 73(2), 249-53.

Polanyi, Karl（2001［1944］）*The Great Transformation: The Political and Economic Origins of Our Time*, Beacon Press.（『大転換——市場社会の形成と崩壊』吉沢英成，野口建彦，長尾史郎，杉村芳美訳，東洋経済新報社，1975年）

Portes, Alejandro（1998）Social Capital: Its Origins and Applications in Modern Sociology, *Annual Review of Sociology*, 24.

Powell, Jim（2003）*FDR's Folly: How Roosevelt and His New Deal Prolonged the Great Depression*, Crown Forum.

Prasad, Monica（2012）*The Land of Too Much: American Abundance and the Paradox of Poverty*, Harvard University Press.

Putnam, Robert D.（2000）*Bowling Alone: The Collapse and Revival of American Community*, Simon & Schuster.（『孤独なボウリング——米国コミュニティの崩壊と再生』柴内康文訳，2006年，柏書房）

Raventós, D.（2007）*Basic Income: The Material Conditions of Freedom*, Pluto Press.

Rawls, John（1971）*A Theory of Justice*, Harvard Belknup.（『正義論』川本隆史，福間聡，神島裕子訳，紀伊國屋書店，2010年）

Reich, Michael, David M. Gordon and Richard C. Edwards（1973）Dual Labor Markets: A Theory of Labor Market Segmentation, *American Economic Review*, 63(2), May, pp. 359-65.

Roberts, Michael（2016）*The Long Depression: How It Happened, Why It Happened, and What Happens Next*, Haymarket Books.

Roberts, Paul（2014）*The Impulse Society: America in the Age of Instant Gratification*, Bloomsbury.（『「衝動」に支配される世界——我慢しない消費者が社会を食いつくす』東方雅美訳，ダイヤモンド社，2015年）

Rosen, Elliot A.（2005）*Roosevelt, the Great Depression, and the Economics of Recovery*, University of Virginia Press.

Rostow, Walter W.（1960）*The Stages of Economic Growth: A Non-Communist Manifesto*, Cambridge University Press.（『増補　経済成長の諸段階』木村健康，久保まち子，村上泰亮訳，ダイヤモンド社，1974年）

Rousseau, Jean-Jacques（2004［1755］）*Discourse on the Origin of Inequality*, Dover Publications Inc.（『人間不平等起源論』本田喜代治，平岡昇訳，岩波文庫，1972年）

Sablik, Tim（2018）Are Markets Too Concentrated?, *Econ Focus*, Federal Reserve Bank of Richmond, First Quarter.

Sennett, Richard（2006）*The Culture of the New Capitalism*, Yale University Press.（『不安な経済/漂流する個人――新しい資本主義の労働・消費文化』森田典正訳，大月書店，2008年）

Shlaes, Amity（2007）*The Forgotten Man: A New History of the Great Depression*, Harper Collins.（『アメリカ大恐慌――「忘れられた人々」の物語』上・下，田村勝省訳，NTT出版，2008年）

Skidelsky, Robert and Edward Skidelsky（2012）*How Much is Enough?: The Love of Money, and the Case for the Good Life*, Allen Lane.（『じゅうぶん豊かで、貧しい社会――理念なき資本主義の末路』筑摩書房，2014年）

Skocpol, Theda（2003）*Diminished Democracy: From Membership to Management in American Civic Life*, University of Oklahoma Press.（『失われた民主主義――メンバーシップからマネージメントへ』河田潤一訳，慶應義塾大学出版会，2007年）

Smiley, Gene（2002）*Rethinking the Great Depression: A New View of Its Causes and Consequences*, Ivan R. Dee.

Standing, Guy（2017）*Basic Income: And How We Can Make It Happen*, Penguin Radom House.（『ベーシックインカムへの道――正義・自由・安全の社会インフラを実現させるには』池村千秋訳，プレジデント社，2018年）

Stein, Herbert（1984）*Presidential Economics: The Making of Economic Policy from Roosevelt to Reagan and Beyond*, Simon and Schuster.（『大統領の経済学――ルーズベルトからレーガンまで』土志田征一訳，日本経済新聞社，1985年）

Stern, Andy（2016）*Rising the Floor: How a Universal Basic Income can Renew Our*

Economy and Rebuild the American Dream, Public Affairs.

Stockhammer, Engelbert（2015）Wage-led Growth, SE, Number 5, Kingston University London.

Stiglitz, Joseph E.（2014）*Reforming Taxation to Promote Growth and Equity*, Roosevelt Institute,May 28.

Storm S. and C. W. H. Naastepad（2012）Wage-led or Profit-led Supply: Wages, Productivity and Investment, ILO Working Papers, Conditions of Work and Employment Series No. 36, Geneva.

Streeck, Wolfgang（2013）*Dekaufte Zeit: Die vertagte Krise des demoktratischen Kapitalismus*, Suhrkamp Verlag.（『時間かせぎの資本主義——いつまで危機を先送りできるか』鈴木直訳，みすず書房，2016年）

———（2016）*How Will Capitalism End*?, Verso.（『資本主義はどう終わるのか』村澤真保呂，信友健志訳，河出書房新社，2017年）

Summers, Lawrence（2015）Demand Side Secular Stagnation, *American Economic Review: Papers & Proceedings 2015*, 105(5), 60-65.

———（2016）Secular Stagnation and Monetary Policy, *Federal Reserve Bank of St. Louis Review*, Second Quarter, 93-109.

Tocqueville, Alexis de（2003［1840］）*Democracy in America and Two Essays on America*, Tras. By Gerald Bevan, Penguin Classics.（『アメリカのデモクラシー』松本礼二訳，2008年，岩波文庫）

Wachter, Michael（1974）Primary and Secondary Labor Markets: A Critique of the Dual Approach, *Brookings Papers on Economic Activity*, 3, pp. 637-80.

White, Stuart（2003）*The Civic Minimum: On the Rights and Obligations of Economic Citizenship*, Oxford University Press.

White, William（2009）Modern Macroeconomics is on the Wrong Track, *Finance & Development*, December, 15-18.

Wilensky, Harold（2002）*Rich Democracies*, University of California Press.

Wright, Frank Lloyd (1932) *The Disappearing City*, William Farquhar Payson.

———（1945）*When Democracy Builds*, University of Chicago Press.（『デモクラシイの眞髄』二見甚郷訳，永晃社，1949年）

———（1958）*The Living City*, Horizon Press Publisher.（『ライトの都市論』谷川正己，谷川睦子訳，彰国社，1968年）

邦語文献

浅野敬一（2017）「三重構造――中小企業政策の展開と“ベンチャー”」（『現代アメリカ経済史――「問題大国」の出現』谷口明丈，須藤功編，有斐閣）
有田博之ほか（2003）「耕作放棄水田の復田コストからみた農地保全対策」『農業土木学会論文集』No.225.
石岡常久（2014）「戦後日本における社会保険中心主義の成立過程に関する研究」『佛教大学大学院』第42号
井上智洋（2018）『AI時代の新・ベーシックインカム論』光文社新書
上田耕一郎（1957）『戦後革命論争史　上』大月書店
上原栄子（1976）『辻の華――くるわのおんなたち』時事通信社
ゲッツ・ヴェルナー（2007）『ベーシック・インカム――基本所得のある社会へ』渡辺一男訳，現代書館
――― （2009）『すべての人にベーシック・インカムを――基本的人権としての所得保障について』渡辺一男訳，現代書館
梅原英治（2011）「90年代以降の日本における財政危機の要因と背景」『立命館経済学』第59巻第6号，3月
大川一司（1955）『農業の経済分析』大明堂
大川一司，高松信清，山本有造（1974）『国民所得（長期経済統計 1)』東洋経済新報社
大川一司，南亮進（1975）『近代日本の経済発展――「長期経済統計」による分析』東洋経済新報社
大和田啓氣（1981）『秘史日本の農地改革――一農政担当者の回想』日本経済新聞社
岡田豊（2004）「二極化する地域別人口と人口減少都市のあり方」『みずほ総研論集』II号
小栗崇資（2017）「日本経済における内部留保の構造――過剰な蓄積とその活用」（『経済』No. 266、2017年12月号）
小沢修司（2010）「月額8万円の給付が実現できる」『エコノミスト』9月21日
尾高煌之助（1984）『労働市場分析――二重構造の日本的展開』岩波書店
――― （1989）「二重構造」（中村隆英，尾高煌之助編『二重構造（日本経済

史6)』岩波書店)
鎌倉治子（2008)『諸外国の付加価値税』国立国会図書館調査及び立法考査局
河西宏祐（2015)『電産型賃金の思想』平原社
河上肇（1977［1905］)「日本尊農論」『近代日本思想体系18　河上肇集』筑摩書房
岸本英太郎（1962)「戦後における同一労働同一賃金論の展開と総評『賃金綱領』」(『日本賃金論史』岸本英太郎編，ミネルヴァ書房)
小池和男（2015)『戦後労働史からみた賃金――海外日本企業が生き抜く賃金とは』東洋経済新報社
香西泰（2001)『高度成長の時代――現代日本経済史ノート』日経ビジネス人文庫
ゴードン，アンドルー（2012)『日本労使関係史　1853-2010』二村一夫訳，岩波書店
小山弘健（1953)『日本資本主義論争史　下』青木書店
斎藤修（1987)『商家の世界・裏店の世界――江戸と大阪の比較都市史』リブロポート
篠原三代平（1961)「資本集中と賃金構造――二重構造の一考察」(『日本型賃金構造の研究』篠原三代平，舟橋尚道編，労働法学研究所)
―――（1964)『経済成長の構造』国元書房
篠原三代平編（1991)『日本経済のダイナミズム――「長期経済統計」と私』東洋経済新報社
社会保障制度審議会（1950)「社会保障制度に関する勧告」(10月16日)
社会保障制度審議会（1962)「社会保障制度の総合調整に関する基本方策についての答申および社会保障制度の推進に関する勧告」(8月22日)
鈴木準（2014)「厚労省検証で着目すべきは『現役収入の50％割れ』試算」『エコノミスト』7月1日
田口和雄（2017)『戦後賃金の軌跡――鉄鋼・電機企業の検証』中央経済社
東畑精一編（1956)『農業における潜在失業』日本評論新社
ノーマン，ハーバート（1977)「日本における近代国家の成立」(『ハーバート・ノーマン全集』第1巻，大窪愿二監訳，岩波書店
中村政則（2005)『戦後史』岩波新書
野村総合研究所（2015)『日本におけるコンピューター化と仕事の未来』

野口悠紀雄（2017）『日本経済入門』講談社現代新書
濱口桂一郎（2009）『新しい労働社会――雇用システムの再構築へ』岩波新書
原田泰（2015）『ベーシック・インカム――国家は貧困問題を解決できるか』中公新書
平山洋介（2009）『住宅政策のどこが問題か――〈持家社会〉の次を展望する』光文社新書
広井良典（2016）「『脱成長の福祉国家』は可能か――ポスト資本主義とコミュニティ経済」（『21世紀の豊かさ――経済を変え、真の民主主義を創るために』中野佳裕編訳，コモンズ）
深尾京司，牧野達治，池内健太，権赫旭，金榮愨（2014）「生産性と賃金の企業規模間格差」『日本労働研究雑誌』第694号
本田浩邦（2016）『アメリカの資本蓄積と社会保障』日本評論社
宮崎義一（1966）『戦後日本の経済機構』新評論
柳谷慶子（2011）『江戸時代の老いと看取り』山川出版社
山田久（2017）『同一労働同一賃金の衝撃――「働き方改革」のカギを握る新ルール』日本経済新聞出版社
山本正之（1959）『戦後日本賃金論争史』青木書店
吉村励（1977）「日本の経済構造の変化と賃金決定機構」（『講座　現代の賃金 1』社会思想社）

著者　本田浩邦（ほんだ・ひろくに）

1961年生まれ。獨協大学経済学部教授。専門はアメリカ経済論。1984年立命館大学経済学部卒業。1991年一橋大学大学院経済学研究科博士課程単位取得退学。同年一橋大学経済学部助手。1993年獨協大学経済学部専任講師。1997年同助教授。1997〜98年カリフォルニア大学ロサンゼルス校客員研究員。2005年より現職。経済学博士（一橋大学）。

著書に『アメリカの資本蓄積と社会保障』（日本評論社、2016年。第1回アメリカ経済史学会賞〈鈴木圭介賞〉受賞）、『現代アメリカ経済分析——理念・歴史・政策』（共著、日本評論社、2013年）ほか。

メールアドレス　hhonda@dokkyo.ac.jp

装　幀　鈴木 衛（東京図鑑）

長期停滞《ちょうきていたい》の資本主義《しほんしゅぎ》
新《あたら》しい福祉社会《ふくししゃかい》とベーシックインカム

2019年７月12日　第１刷発行
2021年５月15日　第３刷発行
定価はカバーに表示してあります

著　者　　本　田　浩　邦
発行者　　中　川　　　進

〒113-0033　東京都文京区本郷2-27-16
発行所　株式会社　大　月　書　店
印刷　三 晃 印 刷
製本　中 永 製 本

電話(代表)03-3813-4651　FAX03-3813-4656／振替 00130-7-16387
http://www.otsukishoten.co.jp/

ISBN978-4-272-11125-1　C0033 Printed in Japan